FUSSBALL
UND NOCH VIEL MEHR!

Andreas Schlüter / Irene Margil

FUSSBALL UND NOCH VIEL MEHR!

Mit Bildern von Markus Grolik

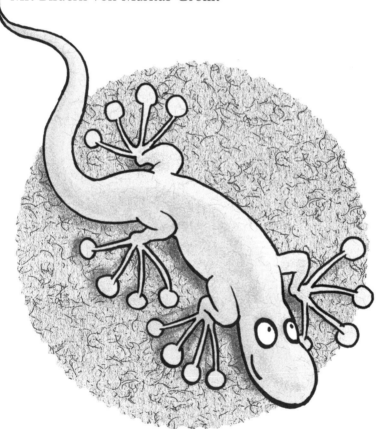

CARLSEN

DER BRIEF

„Es klappt! Es klappt!", jubelt Niklas und fuchtelt wild mit einem Brief in der Luft herum. „Marco und seine Jungs aus Bologna kommen!"

In der Garderobe des FC Berne herrscht gerade das übliche Chaos. Niklas und weitere zwölf Jungs machen sich startklar zum Training. Überall liegen Trikots, Taschen, Schuhe, Hosen, Jacken, Socken, Schlüssel, Pullis, Schals, Mützen und Fahrradhelme herum. Nur Freddy erscheint wie üblich fertig in Trainingskleidung.

„Willst du hier Frischluft reinwedeln oder was soll das Theater?", fragt er, als er in die Kabine kommt. Niklas' neueste Nachricht hat er nicht mitbekommen. Doch als er hört, wer geschrieben hat, wird auch er neugierig. Obwohl er auch ein wenig eifersüchtig ist, dass Marco aus Bologna Niklas und nicht ihm geschrieben hat. Aber es handelt sich um Post von Kapitän zu Kapitän.

„Mach's nicht so spannend, was steht denn drin?", drängelt Tobias. „Alle mal zuhören, was Marco schreibt!"

Niklas stellt sich auf eine Bank und hält den Brief vor sich.

„Autsch!", brüllt Heiko, weil Stefan ihm auf den Fuß getreten ist. „Hast du Tomaten auf den Augen?"

„Ruhe!", brüllt Tobias. „Niklas hat das Wort!"

Niklas räuspert sich, bevor er verkündet: „Okay, ich lese euch den Brief jetzt vor:

Danke für Eure Einladung zum Jubiläum 100 Jahre FC Berne. Unser Vorstand hat es entschieden jetzt:
Wir dürfen nach Euch zu Hamburg, alle wir 13 und unser Herr Trainer."

Niklas liest langsam, damit er auch kein Wort übersieht. Und vor allem, damit er sich in der Aufregung nicht verliest. Trotzdem kichern einige leise, weil Marcos Brief nicht in perfektem Deutsch geschrieben ist.

„Alle im Flugzeug. Alle schlafen in den Familien.
Sie wollen das als Zeichen für unsere Freundschaft der Vereine geben. Was wird bei die Festa geschehen?"

„Was ist denn das für ein Kauderwelsch?", fragt Freddy.
„Ist doch verständlich!", findet Tobias.
„Soll ich übersetzen?", bietet Stefan an.
„Ist ja schon gut", winkt Freddy schnell ab.
„Super, denen bereiten wir einen großen Empfang!", freut sich Tobias.

Alle erinnern sich noch gut an die erste Begegnung mit Marco und seinen Jungs von Juventus Bologna. Im Vorspiel eines Länderspiels Deutschland gegen Italien verloren sie gegen Marcos Mannschaft. Freddy war zwar ein Tor gelungen, aber das reichte nicht. Rudi träumt heute noch schlecht von seinen verpassten Torchancen.

Trotzdem hatte es allen damals einen Riesenspaß gemacht,

vor einer so mächtigen Zuschauerkulisse zu spielen. Unmittelbar nach dem Spiel hatten die Trainer ein zweites Spiel vereinbart. Eine Art Revanche, aber eigentlich war es mehr der Beginn einer Vereinsfreundschaft.

Nun also ist es so weit, Marco und seine Jungs werden zu Besuch kommen. Klar, dass Niklas' Mannschaft diesmal das Spiel gewinnen will.

„Diesmal müssen sie sich warm anziehen", verspricht Rudi, während er seine Schuhe auszieht. Insgeheim hofft er nicht nur auf einen Sieg, sondern auch darauf, dass er mindestens ein Tor schießt, um endlich seine schlechten Träume loszuwerden.

„Wenn ihr mich gut anspielt und ich meine neue Ballannahme zum Einsatz bringe, dann bin ich schneller als jeder Verteidiger", verkündet er.

Als ob eine Flanke auf ihn zukommt, führt er seine neue Technik in der Kabine vor. Er lässt sich ein zusammengeknülltes T-Shirt auf die Brust fallen und erklärt: „Mit der Brust annehmen." Das T-Shirt segelt von seiner Brust hinunter auf den Boden, doch bevor es den berührt, kickt Rudi es weg. „Und dann volley, aus der Luft!" Das rote Knäuel flattert in hohem Bogen durch den Umkleideraum und verfängt sich schließlich an einem Garderobenhaken, was Rudi stehende Beifallsstürme seiner Mannschaftskameraden einbringt. Rudi grinst bis über beide Ohren. So gut ist ihm diese Übung noch nie gelungen. Ein gutes Zeichen für das Rückspiel, findet er.

Auch Niklas hat Pläne. In seiner Fantasie hat er schon ein ganzes Feuerwerk an Bällen im Tor der italienischen Jungs versenkt! Zielsicher durch jede Lücke im 16-Meter-Raum, vorbei an allen Verteidigern, eine kleine Ausholbewegung,

dann der Schuss! Der Ball fliegt am Torwart vorbei direkt ins Netz! Netze gibt es zwar bei ihren Spielen gewöhnlich nicht, aber bei so besonderen Gästen bestimmt. Und wenn sich vor dem Tor ein ganzer Wald aus Gegenspielern aufbaut, Niklas nimmt sich vor, aus jeder Lage zu schießen und prachtvolle Tore zu erzielen.

Im gleichen Moment steckt der Trainer den Kopf in den Umkleideraum. Erst glaubt er, der Beifall für Rudi gelte ihm. Doch schnell erkennt er seinen Irrtum.

„Wie sieht's aus, Jungs?" Er schaut auf das Wirrwarr in der Kabine und dann auf seine Uhr. „Wollt ihr trainieren oder Trikots tauschen? In zwei Minuten legen wir los!"

„Trikottausch? Gute Idee!", findet Rudi. „Das müssen wir unbedingt mit den Italienern machen."

Bald ist es so weit! Der FC Berne wird 100 Jahre und begeht sein Jubiläum. Und dazu kommen weit gereiste Gäste. Die Jungs aus Bologna! Das wird ein Riesenfest! Im Korridor hängt am Informationsbrett schon die Ankündigung:

**Außerordentliche Mitgliederversammlung
zur Vorbereitung des Höhepunkts des Jahres:
100 Jahre FC Berne**

Die Jungs sind schon sehr gespannt. Noch gar nicht ganz auf dem Platz, bombardieren sie den Trainer schon mit ihren Fragen zum Festprogramm des Jubiläums.

„Abwarten, Jungs", sagt der immer nur.

„Aber Marco und seine Mannschaft kommen aus Bologna geflogen! Und Marco fragt, was bei unserem Fest passiert! Was soll ich antworten?", setzt Niklas nach.

„Ein bisschen Geduld noch", beruhigt ihn der Trainer. „Auf der Mitgliederversammlung werden alle Pläne vorgestellt. Jetzt wollen wir endlich mit unserem Training beginnen. Denn eines ist ja wohl klar. Egal, wie das Festprogramm aussieht: Ohne Training werden wir gegen Juventus Bologna nicht gewinnen. Also los jetzt!"

Der Trainer beginnt, die Bälle aus dem Netz zu verteilen, und wirft jedem einen zu.

Niklas fängt ihn und fragt: „Wie lange sind Sie eigentlich schon beim FC Berne?"

„Hundert Jahre!", flüstert Freddy so leise, dass es nur die Jungs um ihn herum hören können. Die Jungs prusten laut los.

„Was gibt es denn hier zu kichern?", fragt der Trainer und beginnt mit leichten Ballübungen. Seit sie gegen Juventus Bologna das erste Spiel verloren haben, legt er besonderen Wert auf die Übungen der Balltechnik.

„Spielt einen Augenblick mit dem Ball, Jungs. Und probiert mal was: Dribbeln, mit der Sohle mitnehmen, Übersteiger, den Ball auf dem Kopf halten. Nicht immer bloß bolzen. Ihr müsst ein Gefühl für den Ball bekommen. Der Ball muss euch am Fuß kleben, ohne dass ihr hinschaut."

Stefan probiert es und schon prallt ihm der Ball so weit

vom Fuß, dass er ihm erst mal zehn Meter hinterherlaufen muss.

„Holzfuß!", lacht ihm Freddy hinterher.

Hundert Jahre!, überlegt Niklas, während er sich den Ball mit den Sohlen selbst immer von dem rechten auf den linken Fuß und zurück spielt. Niklas ist zehn Jahre alt, also wird sein Verein zehnmal so alt wie er. Vor hundert Jahren schrieb man das Jahr 1909. Wie das wohl damals war?, fragt sich Niklas. Welche Schuhe trugen die Jungs? Und welche Trikots? Und überhaupt: Wie gründet man eigentlich einen Fußballverein? Und wer hat den FC Berne gegründet?

Boing!

Ein Ball trifft Niklas am Kopf und ballert ihm die Gedanken aus dem Gehirn. Niklas reibt sich die schmerzende Stelle und schaut, woher der Ball kam.

„Tschuldigung", ruft Tobias ihm zu. „Hackentrick klappt bei mir einfach nie!"

„Schon gut!", ruft Niklas. Und dann ist schon bald Schluss mit den Ballübungen. Es kommt, was in jedem Training kommt.

„Gymnastik!", ruft der Trainer.

Ein großes Gestöhne schallt ihm entgegen. Aber dann stellen sich die Jungs im Kreis um den Trainer auf und beginnen, die Übungen nachzumachen, die er vorturnt.

Der Trainer nickt. „Das ist genau der Grund, warum ihr solche Schwierigkeiten mit der Ballbehandlung habt", erklärt er. „Weil ihr immer noch zu ungelenkig seid. Hüftsteif wie alte Opas. Wer seinen Körper nicht beherrscht, beherrscht auch nicht den Ball. Also nicht motzen, sondern klotzen. Auf geht's!"

DIE IDEE 13

Beim nächsten Training löst der Trainer
sein Versprechen ein.

„Setzt euch mal alle hin!", ruft er in die
Umkleidekabine. „Ich gebe euch jetzt die
Entscheidung des Vereinsvorstands über
das Festprogramm bekannt."

So schnell haben die Jungen noch nie auf den
Bänken gesessen. Nicht einmal in der Halbzeit,
bevor der Trainer seine Ansprache hält.

Der Trainer entfaltet einen kleinen Stapel
Papier, setzt sich ebenfalls auf eine Bank und
erklärt: „Also, unser Vorstand hat Folgendes
beschlossen: Das Fest dauert zwei Tage:
Samstag und Sonntag."

„Suuuper!" „Wauuu!" „Klasse!" – Begeisterungs-
rufe. Stefan wirbelt seinen Pulli wie ein Cowboy
sein Lasso. Heikos Schuh dreht sich, an den
Schnürsenkeln festgehalten, wie ein Propeller
durch die Luft.

„Es wurde ein Festkomitee gebildet. Und das
hat auch schon getagt und erste Programmpunkte
vorgestellt."

Ein Festkomitee? Was ist das?,
fragt sich Niklas.

„Das Fest steht unter dem Motto:

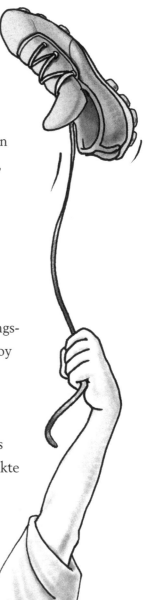

100 Jahre Spiel, Spaß und Sport im FC Berne und beginnt mit einer Festrede des Schirmherrn Herrn Vondemberge."

„Schirmherr?", fragt Tobias laut dazwischen. „Was ist das denn?"

Der Trainer erklärt: „Der Schirmherr ist meistens ein Prominenter, zum Beispiel ein Politiker oder ein berühmter Sportler, der öffentlich sagt, dass er eine Veranstaltung gut findet. Dadurch bekommt man oft mehr Spenden, um eine Veranstaltung zu finanzieren. Er hält sozusagen seine Hand schützend über die Veranstaltung, wie einen Schirm, und trägt so zu ihrem Gelingen bei. Und für unser Fest haben wir als Schirmherrn den Herrn Vondemberge."

„Und der ist prominent?", fragte Tobias. „Also, ich kenn den nicht. Ihr?"

„Na ja", räumt der Trainer ein. „Ein kleiner Verein hat eben kleine Prominente. Herr Vondemberge ist unser Zweiter Bürgermeister."

Tobias nickt schnell und alle anderen auch. Auch, wenn Tobias eigentlich gern gewusst hätte, wer denn der Erste Bürgermeister ist und warum der nicht den Schirm halten kann.

Der Trainer greift wieder zu seinem Programmblatt und trägt weiter vor: „Danach wird unser Vereinsvorsitzender eine kurze Ansprache halten. Anschließend spricht der Vereinsälteste Herr Silberhahn."

Alle hören gespannt zu. Neugierig darauf, welche Programm-Höhepunkte der Festausschuss bekannt gibt.

Stefan hält seinen Pulli zum Wirbeln bereit. Gleich ver-

kündet der Trainer die Attraktionen des Festes. In der Garderobe könnte man jetzt eine Nadel fallen hören. Nur die Heizung rauscht. Und der Trainer liest weiter von dem Blatt.

„Dann wird der Vorsitzende die Gäste willkommen heißen."

Der Trainer nimmt den Blick nicht wieder vom Blatt weg. In der Garderobe ist es still.

„Dann stehen hier noch verschiedene Namen für verschiedene Grußworte …"

Stefan packt sein Lasso zurück in die Tasche. Heiko schlüpft in seinen Propeller.

„… und Danksagungen an verdiente Mitglieder."

Freddy poliert gelangweilt seine neuen Schuhe.

„Dann werden alte Fotos an die Festsaalwand projiziert. Jede Mannschaft soll einmal kurz vorgestellt werden. Im Schnelldurchlauf."

„Und wann geht das Fest los?", fragt Niklas.

„Alle Mitglieder, die vor mehr als fünfzig Jahren gespielt haben, werden in ihren Originaltrikots da sein."

„Und wann beginnt die Sause?", wiederholt Rudi Niklas' Frage.

„Das ist der Plan für den ersten Festtag", antwortet der Trainer.

„Festtag? Was für ein Festtag?", fragt Freddy fassungslos. „Das war doch kein Festtag, sondern nur Geschwafel!"

„Na!", weist der Trainer ihn zurecht.

Aber Freddy hat Recht, findet Niklas.

„Und kein Spiel?", fragt Stefan ungläubig.

Der Trainer schaut noch mal in seine Papiere, schüttelt dann den Kopf. „Nein, davon steht hier nichts. Aber das Programm ist ja auch noch nicht fertig."

Diese Ankündigung hat noch nicht mal den Effekt einer Knallerbse, geschweige denn eines Feuerwerks an Höhepunkten. Ganz im Gegenteil! Wie ein prall gefüllter Ballon, der langsam seine Luft verliert und am Ende verschrumpelt, ist die große Vorfreude der Jungs zusammengeschrumpft.

„So feiert unser Verein sein 100-jähriges Jubiläum?" Heiko kann es nicht fassen.

„Das ist langweiliger als hundert torlose Spiele", sagt Rudi.

„Dagegen war der erste Geburtstag meiner kleinen Schwester ja noch ein Knaller! Da gab es wenigstens Kuchen und Kekse!", ruft Stefan in die Runde.

Einige Jungs lassen die Köpfe hängen, die anderen schauen den Trainer sprachlos an. Der zieht die Schultern nach oben und sagt: „Besser, ich lese euch das Programm vom zweiten Tag nicht vor, oder?"

Aber das übernimmt schon Freddy. Über die Schultern des Trainers hinweg liest er laut vom Blatt: „Der Vorsitzende empfängt die Mitglieder bei Kaffee und Kuchen."

„Wie bei deiner Schwester!", ruft Rudi Stefan zu.

„Besondere Ehrungen an verdiente Helfer und Helferinnen werden ausgesprochen."

Heiko unterbricht und fragt: „Und wann gibt's was für uns? Noch nicht mal Grillwürste?" Er liebt Grillwürste.

„Und wann wird gespielt?", will Stefan wissen.

Der Trainer überfliegt das Blatt. „Am Sonntagnachmittag."

„Endlich mal was für uns!", freut sich Heiko. „Ein großes Jubiläumsturnier!"

„Moment! Hier steht …", der Trainer markiert die Zeile mit seinem Zeigefinger, „… ein kleines vereinsinternes Fußballturnier! Sonst nichts!"

Das Seufzen und Stöhnen der Jungs übertönt das Heizungsrauschen.

„Am Sonntagnachmittag steht hier ein kleines vereinsinternes Fußballturnier. Sonst nichts!", antwortet der Trainer.

„Was soll ich Marco antworten?", fragt Niklas verzweifelt.

„Die Jungs von Juventus Bologna kommen zu uns geflogen und wir begrüßen sie mit Gesülze, Kaffee und Kuchen?", meckert Rudi.

„Das ist ja total langweilig!" Stefan macht laute Schnarchgeräusche, die sich wie das Grunzen von Schweinen anhören. „Na dann? Gute Nacht!" Er legt sich mit seinem Kopf auf die Trainingstasche und schließt die Augen.

„Gute Nacht?", wiederholt Niklas, springt auf und ruft: „Ja. Klar! Dann feiern wir doch auch einfach in der Nacht!"

„In der Nacht?", wundert sich Tobias. „Das darf ich bestimmt nicht. Höchstens mal Silvester."

„Auf Klassenreise haben wir das mal gemacht!", erinnert sich Stefan. „Eine Nachtwanderung mit Taschenlampen. War cool."

„Wohin wollen wir denn nachts gehen?", fragt sich Tobias.

„Ich dachte da eher an eine Fußballnacht!", erklärt Niklas.

„Fußballnacht?", wiederholt Tobias. „Im Dunkeln?" Ihr Platz besitzt keine vernünftige Flutlichtanlage.

„Klar!", lacht Freddy. „Du siehst doch sowieso nichts, du Blindfisch. Da fällt das gar nicht auf." Aber je mehr er darüber nachdenkt, desto besser gefällt auch ihm die Idee.

Auch Stefan kann es sich vorstellen. Manche Europacup-Spiele finden auch sehr spät abends statt. Er beginnt zu schwärmen: „Aber dann in einem großen Stadion, fett mit Flutlicht. Nicht solche Funzeln wie auf unserem Trainingsplatz."

In den Augen der Jungs beginnt es zu funkeln. Die Idee ist geboren. Ein Fußballspiel zu Mitternacht als Höhepunkt!

Das klingt erheblich spannender als das verschnarchte Kaffeekränzchen-Programm des Vorstands.

„Kann man an dem Programm noch was ändern?", fragt Niklas den Trainer.

„Eine interessante Idee …", murmelt der. „Aber wir gehen jetzt erst mal raus zum Trainieren und danach überlegen wir, wie wir eure Idee an den Vorstand bringen. Okay?"

„Jaaaa!", ruft es ihm begeistert entgegen. Denn das heißt: Der Trainer findet ihre Idee gut und wird sich dafür einsetzen.

Niklas schlüpft noch in seinen zweiten Schuh, aber vorher zupft er heimlich Raufuß dort raus. Sein Glücksbringer, ein giftig grüner Gummigecko, ist nicht nur bei jedem Spiel, sondern auch bei jedem Training dabei. Er hat ihm schon oft geholfen. Auch Geckos sind nachts aktiv, denkt Niklas. Das passt gut zu seiner Idee. Während Geckos bei Nacht still in warmen Lampen auf ihre vom Licht angezogene Beute warten, wird Niklas im Flutlicht dem Gegenspieler die Kugel wegschnappen. Und dann wird er zeigen, wie gut der Ball an seinen Füßen klebt. Vielleicht wird ihm Raufuß dabei helfen, dass der Vorstand sich überzeugen lässt. Die Hilfe kann er gut gebrauchen. Denn ein Mitternachtsspiel hat es bestimmt in hundert Jahren Vereinsgeschichte noch nicht gegeben!

Die Aussicht auf eine mögliche Fußballnacht während des Festprogramms hat die Enttäuschung der Jungs weggepustet und wirkt wie frischer Wind auf dem Platz.

„Achtung! Genau in den Winkel!", kündigt Stefan selbstbewusst an, nimmt Maß und knallt Heiko einen auf den Kasten. Der Ball fliegt zwar nicht, wie Stefan gewollt hat, rechts oben in den Winkel, sondern flach in die linke Ecke, aber Heiko muss sich trotzdem mächtig strecken, um den Schuss zu halten.

„Ich glaube, du hast einen Knick in der Optik!", ruft er Stefan lachend zu und wirft ihm den Ball zurück.

„Aber jetzt!" Stefan nimmt Anlauf zu seinem zweiten Versuch und knallt den Ball mit voller Wucht aus fünf Meter Entfernung scharf an Heiko vorbei ins Tor.

Heiko tippt sich mit dem Zeigefinger gegen die Stirn. „Haben sie dich gebissen, Mann? Von so dicht draufzuballern. Wolltest du mich abschießen, oder was?"

„Da musst du hin", behauptet Stefan. „Ein Torhüter kennt keinen Schmerz! Die Italiener ballern dir die Dinger auch aus jeder Lage um die Ohren. Oder willst du noch mal verlieren?"

Wie ein Zauberwort erfasst dieses Stichwort alle auf dem Platz. Eine zweite Schlappe gegen die Jungs aus Italien? Niemals!

Niklas spürt ganz deutlich, wie sich wieder so ein Grummeln im Bauch bemerkbar macht. Wie immer, wenn er an das verlorene Spiel gegen die Jungs aus Bologna denkt. Und so scheint es auch den anderen zu gehen, denn plötzlich kommt mehr Bewegung auf den Platz: Heiko wirft sich in die härtesten Bälle. Die Pässe werden genauer. Bei der Gymnas-

tik stöhnt niemand. Und beim Trainingsspiel geht jeder mit Eifer in die Zweikämpfe.

Am Ende des Trainings prophezeit Rudi: „Das wird ein echter Jubiläumsknaller, unser Mitternachtsspiel!"

Davon sind auch die anderen überzeugt. So intensiv haben sie schon lange nicht mehr trainiert. Jeder spürt den unbedingten Siegeswillen in sich. Diesmal werden sie die Italiener schlagen. Und das in einem aufregenden Spiel um Mitternacht.

Nur der Trainer dämpft die Stimmung etwas, als er in der Umkleidekabine mahnt: „Jungs! Freut euch nicht zu früh. Wir müssen jetzt erst mal den Festausschuss von eurer Idee überzeugen. Wer von euch will sie auf der nächsten Sitzung vorstellen?"

Niemand meldet sich. Plötzlich ist es ziemlich ruhig im Raum.

„Vorstellen?", fragt Niklas nach. Eigentlich hat er gedacht, dass das der Trainer übernehmen würde.

„Es ist eure Idee", erläutert der Trainer. „Also stellt ihr die auch vor. Einfach mit ein paar Sätzen erklären, warum ihr euch dieses Mitternachtsspiel als Ergänzung des Programms wünscht."

Einfach? Niklas stellt sich das ganz schön schwierig vor.

„Das ist doch ganz klar die Aufgabe von unserem Mannschaftskapitän, oder etwa nicht?"

An dem Tonfall ist nicht zu überhören, dass sich Freddy in diesem Moment freut, dass er die Kapitänsbinde nicht mehr

trägt. Alle wissen, dass er sonst auf dem Spielfeld damit gern eine Sonderrolle spielen würde.

Der Trainer gibt Freddy Recht. „Bist du einverstanden, Niklas?"

„Klar!", antwortet Niklas, ohne zu zögern. „Wenn noch jemand mitkommt?"

Mit den anderen an seiner Seite wird er das irgendwie schaffen. Er schaut sich um und hofft, dass sich zwei finden, die sich freiwillig melden. Sein Blick bleibt auf Tobias haften.

„Ich bin dabei!", verspricht der sofort.

„Sonst noch jemand?", fragt der Trainer.

Keiner rührt sich. Niemand schaut dem Trainer in die Augen. Nur die Heizung blubbert.

„Wie wär's mit dir, Freddy?", hakt der Trainer nach.

Freddy nickt. „Aber sagen werde ich nichts", stellt er klar.

„Das ist auch besser so!", grinst Stefan.

„Das passt doch!", findet Heiko. „Jetzt sind alle drei Kapitäne der letzten Zeit versammelt!" Und schon fängt sein Propeller wieder an zu fliegen.

„Das schafft ihr!", glaubt auch Stefan ganz fest und lässt sein Pulli-Lasso durch die Luft kreisen. „Oléé, oléoléolé! Super Fußball um Mit-ter-nacht!"

EINE UNRUHIGE NACHT

Niklas dreht und wendet sich in seinem Bett. Er schaut auf seine Uhr. Schon zehn vor zwölf! Er hat noch keine Minute geschlafen! So sehr geht ihm das Mitternachtsspiel durch den Kopf. Mitternacht. So wie jetzt. Aber könnte er jetzt Fußball spielen?

Obwohl er nicht schlafen kann, fühlt er sich müde. Wenn er sich vorstellt, er sollte jetzt aufstehen und quer über den Platz rennen … Daran hatten sie gar nicht gedacht. Wie spielt es sich mit müden Augen und Beinen? Wie sollen sie sich wach halten? Selbst, wenn es ihnen gelingt, heißt das noch lange nicht, fit für ein Spiel zu sein.

Niklas steht auf und schaut aus dem Fenster. Draußen auf der Straße ist es ruhig. Auch in der Wohnung. Seine Eltern schlafen wahrscheinlich schon.

Wer wird ihnen mitten in der Nacht zuschauen? Wird das Stadion so leer sein wie jetzt die Straße? Ein richtiges Geisterspiel wird das werden – ohne Zuschauer! So viele Fragen gehen Niklas durch den Kopf, aber morgen schon soll er ihre Idee vorstellen.

Schlafen ist im Moment aussichtslos. Niklas geht ins Bett zurück und knipst seine kleine Leselampe an. Auf dem Rücken liegend schaut er direkt in die Flutlichter, die sein Opa an die Zimmerdecke gemalt hat. Flutlicht! Auch so ein Thema. Ihr Trainingsplatz besitzt nur drei Lampen auf einer Seite. Wenn sie im richtigen Licht spielen wollen, müssen sie

auf den Rasenplatz der 1. Herren. Eine Ligamannschaft! Ob das erlaubt wird?

Bei richtigem Flutlicht hat jeder Spieler vier Schatten. Die mag Niklas. Wann hat man sonst vier Geister, die einen auf Schritt und Tritt begleiten? Oder verfolgen? Das wird wirklich ein Geisterspiel, denkt Niklas wieder. Keine Zuschauer, aber viele vierfache Schatten. Ein Geisterspiel zur Geisterstunde.

Warum soll diese Stunde eigentlich die Geisterstunde sein? Die Kirchturmuhr in der Nachbarschaft läutet. Vier Mal. Mit einer kleinen Glocke. Dann ist es wieder ruhig. Die Stundenschläge mit einer großen Glocke schlägt die Kirchturmuhr nur tagsüber. Die Digitalanzeige seines Weckers springt auf 00:00.

Jetzt ist schon morgen. Heute ist schon gestern.

Niklas hört ein leises Klopfen. Wie von einem Geist. Kurz zuckt Niklas zusammen und knipst schnell seine Leselampe aus. Im Zimmer erscheint aber kein Geist, sondern seine Mutter. Obwohl sie in ihrem Nachthemd ein bisschen wie ein Geist aussieht.

Aber ganz und gar nicht mit einer Geister-, sondern mit ihrer sanften Mamastimme fragt sie: „Schläfst du denn noch nicht?"

Niklas hat die Augen ganz weit offen. „Nein!"

Seine Mutter setzt sich auf den Rand seines Betts. „Aber, Schätzchen, es ist doch schon nach Mitternacht!"

„Ich weiß", antwortet Niklas.

„Kannst du nicht schlafen?"

„Nein!"

„Dann versuch es doch noch mal."

„Wie, versuchen?", fragt Niklas. Wie soll man denn versuchen, einzuschlafen, wenn man nicht einschlafen kann?

„Na, so!", sagt seine Mutter und zeigt es ihm. „Du schließt die Augen, atmest tief durch, denkst an gar nichts und entspannst."

Seine Mutter sitzt auf seiner Bettkante, hat die Augen geschlossen und atmet tief durch.

Niklas macht es ihr nach. Er schließt seine Augen, atmet tief durch und denkt ... an das Mitternachtsspiel! Und schon kann er nicht einschlafen. Er versucht noch einen Augenblick an gar nichts zu denken, dann gibt er es auf.

„Es geht nicht", flüstert er nach einer Weile.

Seine Mutter antwortet nicht. Noch immer hat sie die Augen geschlossen. Ihr Kopf ist leicht nach vorn gefallen. Und es sind leichte Schnarchgeräusche zu hören.

Offenbar kann seine Mutter sehr gut an gar nichts denken!

„Mama!", ruft Niklas empört.

Seine Mutter schreckt hoch.

„Huch!", sagt sie. „Da bin ich wohl etwas eingenickt. Na, siehst du. So einfach geht das. Also, nun schlaf schön."

Und damit schwebt sie wieder hinaus, schließt die Tür hinter sich und schon ist es wieder dunkel.

Niklas schließt die Augen, was keinen Unterschied macht. Es bleibt genauso dunkel. Aber mit offenen Augen kann man ja nicht schlafen.

Kaum hat er die Augen geschlossen, entstehen helle, bunte Bilder in seinem Kopf.

In seiner Fantasie taucht eine lange Tischreihe auf, an der Frauen und Männer sitzen. Auf einem Schild in der Mitte des langen Tisches steht „Festkomitee". Vor dem Tisch steht Niklas. Er hat keinen Stuhl. Alle starren ihn an. Und warten. Darauf, dass Niklas etwas sagt. Aber Niklas kann nicht mehr sprechen. Wie ein Fisch im Aquarium. Er bewegt zwar den Mund, aber es kommt kein Ton heraus. Eine Frau schaut angestrengt über ihre Brillengläser. Ihre Stirn runzelt sich dabei zu einem Furchenfeld. So hat sie irgendwie Ähnlichkeit mit seiner Lehrerin Frau Klingbeil. Ungeduldig trommelt sie mit den Fingern auf ihren Tisch. Ein anderer blickt auf seine Uhr.

Der daneben schaut aus seinen Unterlagen gar nicht auf. Wieder jemand anderes räuspert sich. Niklas soll etwas sagen. Aber es geht nicht. Niklas ist stumm. Tobias und Freddy sind nirgends zu sehen. Niemand aus seiner Mannschaft. Auch der Trainer nicht. Ganz allein steht er hier und muss seine Idee vortragen. Aber er bringt keinen Ton heraus. Nicht einmal einen leisen Piep. Niklas ist stumm wie Raufuß. Und ebenso wie ein Gecko stundenlang regungslos an der Wand kleben kann, klebt Niklas auf dem Boden des Vereinsheims fest und bewegt nichts außer den Lippen seines stummen Munds. Raufuß piekst ihn in seiner Tasche, als ob auch er sagen wollte: Nun sag doch was! Doch Niklas sagt nichts.

Plötzlich verändert sich das Bild. Die Männer und Frauen bekommen andere Gesichter. Die Gesichter von Marco und seinen Jungs aus Bologna. Die gesamte Mannschaft sitzt nun an dem langen Tisch. Und Marco fragt: „Was macht ihr auf die Festa?"

Alle schlagen mit den Fäusten rhythmisch auf die Tischplatte und rufen: „Wo is-se uns-re Fes-ta? Wir wollen Festa!"

Schweißgebadet träumt Niklas die ganze Nacht.

Doch als seine Mutter am nächsten Morgen die Vorhänge zurückzieht und das Sonnenlicht hereinlässt, kann er sich zum Glück an nichts mehr erinnern.

DER FESTAUSSCHUSS

Ganz anders als im Traum ist Niklas in seiner entscheidenden Stunde nicht allein. Schon auf halber Strecke zum Vereinsheim trifft er Tobias, der an der Straßenecke auf ihn gewartet hat.

„Alles klar?", fragt Tobias.

Niklas antwortet nicht. Er weiß es nicht.

Schon von Weitem erkennen sie, dass der Trainer bereits da ist. Beiden fällt ein Stein vom Herzen.

„Gut, dann kann ja nichts mehr schiefgehen!", versucht Niklas sich Mut zu machen. Zur Sicherheit prüft er noch mal seine linke Hosentasche. Raufuß hat er auch dabei. Der Trainer schaut von seiner Uhr auf.

„Na, Jungs, alles klar?", fragt er wie zuvor Tobias.

Wieder sagt Niklas nichts, aber Tobias nickt.

Der Trainer dreht den Kopf in alle Richtungen und fragt: „Freddy schon gesehen?" Niklas und Tobias schütteln die Köpfe.

„Hat es euch die Sprache verschlagen? Das wird schon, keine Angst!", versucht der Trainer sie zu beruhigen.

Diese Bemerkung hat bei Niklas allerdings den Effekt, dass seine Knie sich noch weicher anfühlen als ohnehin schon. Sein Hals ist so trocken, als hätte er eine Tüte Mehl verschluckt.

„Ich habe euch unsere Vereinstrikots mitgebracht. Vielleicht wollt ihr die über eure Pullis ziehen?", fragt der Trainer

und hält den Jungs eine Plastiktüte hin. Niklas und Tobias schauen sich verständnislos an.

„Schließlich geht es um den FC Berne und ihr seid ein Teil davon."

Jetzt erkennt Niklas, dass es auch unter dem geöffneten Jackett des Trainers vereinsgrün schimmert.

Vielleicht keine schlechte Idee, denkt Niklas. Er sagt aber nur leise: „Danke!", angelt sich ein Trikot aus der Tüte und zieht es sich über seinen Pulli.

Und wo bleibt Freddy? Niklas schaut auf die Uhr am Sportheim. Vergeblich. Niklas hat vergessen, dass sie schon seit ein paar Wochen mit beiden Zeigern auf der Zwölf steht, als könnte sie den Anpfiff des Mitternachtsspiels gar nicht abwarten.

Auch Tobias fällt das auf. „Was für ein Zufall, dass die Uhr genau um Mitternacht stehen geblieben ist", wundert er sich.

„Nein, nein!" Der Trainer schmunzelt. „Das wird immer gemacht, wenn eine Uhr kaputt ist. Damit signalisiert man: Verlasst euch nicht auf diese Anzeige. Diese Uhr steht!"

Niklas schaut sich immer noch nach Freddy um. Aber von dem ist nichts zu sehen.

„Wir wollen die Leute vom Ausschuss nicht warten lassen!", drängt der Trainer.

„Freddy ist so ein Feigling!", flüstert Niklas Tobias zu. Er wäre selbst gern dieser Versammlung ferngeblieben.

Stattdessen betreten sie jetzt hinter dem Trainer den Vereinssaal, in dem der Festausschuss schon versammelt ist.

Niklas und Tobias gehen ihm hinterher und schütteln auch jedem die Hand.

„Na, da sind wir ja gespannt, was euch zu uns führt", sagt ein grauhaariger Mann mit einem riesigen Ring am Finger.

„Nanu, sind jetzt auch Kinder im Ausschuss?", wundert sich ein anderer, der nur noch wenige weiße Haare auf dem Kopf hat.

„Ist das nicht unser Vereinsältester, Herr Silberhahn?", fragt Tobias Niklas im Flüsterton.

„Woher soll ich das denn wissen?", fragt Niklas zurück. „Ich bin doch erst seit letztem Sommer im Verein. Außerdem sehen die irgendwie alle aus, als wären sie Vereinsältester."

Für einen Moment glaubt Niklas sogar, im Saal hätten sich alle versammelt, die vor hundert Jahren den FC Berne gegründet haben. Aber dann müssten die ja alle mindestens 120 Jahre alt sein. Und das glaubt Niklas dann doch wieder nicht.

Die Ausschussmitglieder nehmen Platz an Tischen, die in einem Viereck zusammengestellt sind. An einer Wand hängen unzählige Wimpel in Reihen nebeneinander und untereinander. Niklas und Tobias staunen.

„Hundert Stück?", vermutet Niklas.

„Meeehr", ist Tobias sich sicher.

Tobias will gerade anfangen, die Wimpel durchzuzählen, als eine grauhaarige Frau die beiden anspricht.

„Dann erzählt mal", fordert sie. Sie ist die einzige Frau im Raum.

Auf den Tischen stehen Teller mit Kuchen und Keksen.

Und manche trinken Kaffee. Niklas würde auch gern etwas trinken. Seine Kehle fühlt sich knochentrocken an, sein Herz klopft bis zu dem Frosch in seinem Hals. Er blickt zu seinem Trainer, der ihm aufmunternd zunickt.

„Also", beginnt Niklas und muss sich gleich räuspern. Aber der Frosch bleibt dick und fett in seinem Hals sitzen. „Wir sind vierzehn Jungs aus der D-Jugendmannschaft." Er zupft an der Kante seines FC-Berne-Trikots. Dabei zieht er es mehr und mehr in die Länge.

„Ihr seid doch nur zwei", lacht ein dicker Mann. Aber außer ihm lacht niemand. Also verstummt auch der Dicke und schiebt sich einen Keks in den Rachen.

„Lass ihn doch erst einmal ausreden, Hans", sagt der Mann mit dem großen Ring, obwohl der Dicke gar nichts mehr sagt.

„Und wir kriegen Besuch aus Italien. Von Marco und seinen Jungs. Also, die sind auch D-Jugend. Obwohl ich gar nicht weiß, ob das in Italien auch D-Jugend heißt. Aber die sind so alt wie wir. Und die waren hier im Stadion und …"

„Gegen die habt ihr doch verloren, oder?", fragt der Grauhaarige, den Tobias für den Vereinsältesten hält.

Niklas verstummt. Über die Niederlage hat er eigentlich nicht sprechen wollen.

Auch Tobias schaut verlegen auf seine Schuhspitzen.

„Deshalb steht eine Revanche aus", springt der Trainer seinen Jungs bei.

Der Grauhaarige nickt. „Richtig so." Und klatscht in die Hände.

Daraufhin klatschen alle.

Niklas und Tobias lächeln sich kurz an. Beifall auf offener Szene. Dabei haben sie ihre Idee noch gar nicht vorgestellt. Niklas weiß nicht, ob das ein gutes oder ein schlechtes Zeichen ist.

„Und wir wollen fragen", fährt Niklas endlich wieder fort, „ob wir zum Jubiläum nicht ein Mitternachtsspiel gegen unsere italienischen Freunde aus Bologna machen können."

Geschafft! Er hat es hinter sich! Erleichtert und erwartungsvoll schaut er in die Runde. Aber er sieht nur in regungslose Gesichter. Niemand antwortet. Keiner reagiert. Niklas fällt das Grimm'sche Märchen ein, in dem alle in einen hundertjährigen Schlaf fallen. So ähnlich wie in dem Märchen sieht jetzt der Festausschuss aus.

Der Trainer unterbricht die Stille, indem er sich laut räuspert, und ergänzt dann Niklas' Ausführungen. „Die Jungs aus der D-Jugendmannschaft haben Lust auf etwas ganz Besonderes, weil sie finden, dass ein hundertjähriges Jubiläum auch einen außergewöhnlichen Fußball-Höhepunkt braucht. Ein Mitternachtsspiel hat es doch bestimmt noch nie gegeben, oder?"

„Um Mitternacht müssen die Kinder doch längst im Bett sein!", sagt ein Mann, der Niklas' Opa sein könnte, obwohl Niklas' Opa so etwas niemals sagen würde.

„Wir haben den Bastel- und Maltisch, das Eierlaufen und die Hüpfburg! Genügt das denn nicht?", fragt der Dicke und schiebt sich diesmal statt einen gleich drei Kekse auf einmal in den Mund.

„Was hat denn Eierlaufen mit Fußball zu tun?", rutscht es Tobias laut raus.

„Bisher hat es immer allen sehr gefallen!", zischt ein Mann dazwischen. „So wahr ich Schwabing heiße und Ehrenvorsitzender dieses Vereins bin. Das hat ja nicht nur Tradition, sondern wir haben ja auch schon viele Jahre gute Erfahrungen mit der Organisation unserer Feste. Deshalb Schluss jetzt mit den Diskussionen! Wo kommen wir denn da hin, wenn schon jeder Dreikäsehoch meint, alles besser zu wissen?"

Neben ihm nickt ein Mann heftig und stimmt zu. Vor ihm liegt ein Zettel. Darauf erkennt Niklas ganz oben das Wort TAGESORDNUNG.

„War das eine Diskussion?", flüstert Niklas Tobias zu. Unter Diskussion hat er sich bis zu diesem Moment eigentlich was anderes vorgestellt.

„Ich möchte daran erinnern, dass wir noch das Turnier haben und uns bereits mitten in den Planungen befinden. Wir haben nicht mehr so viel Zeit", wirft ein anderer Mann ein.

„Ja. Das geht seit Jahren bei jedem Fest Hand in Hand", sagt die einzige Frau. „Ich würde da nun nichts durcheinanderwirbeln. Und wie Manni schon gesagt hat, uns bleibt nicht mehr viel Zeit. Die Uhr läuft."

„Die draußen steht", wagt Niklas zu sagen.

„Und zwar auf Mitternacht", traut sich nun auch Tobias.

„Da haben die Kinder Recht", meldet sich plötzlich ein braungebrannter Mann zu Wort. Niklas meint, den schon mal

auf dem Rasenmähertraktor draußen auf dem Platz gesehen zu haben. „Ich sag ja schon seit langem, wir brauchen eine neue Uhr. Ist doch peinlich, so etwas. Eine kaputte Uhr zum hundertsten Jubiläum."

Niklas schaut Tobias und den Trainer an. Wovon redet der?, fragt er sich.

„Zum Jubiläum sollten wir uns eine neue Uhr leisten", schlägt der Rasenmähermann vor und erntet dafür Beifall. Alle klopfen als Zeichen ihrer Zustimmung mit den Fingern auf den Tisch.

Einmal in Fahrt, setzt der Mann fort: „Eine moderne Uhr, auf die man sich verlassen kann und die unübersehbar ist. Eine Digitaluhr. Am besten mit integrierter Toranzeige."

Niklas versteht nicht. Wieso sprechen die Erwachsenen plötzlich von der Uhr? Was ist mit dem Mitternachtsspiel?

Niemand nimmt noch Notiz von Niklas, Tobias und ihrem Trainer.

Nur der Mann mit dem großen Ring erhebt sich, humpelt an einem Stock auf die drei zu und sagt: „Wir werden auch über euren Vorschlag nachdenken. Versprochen. Ihr könnt jetzt wieder gehen." Er führt die drei aus dem Saal und lächelt Niklas zu.

Draußen fragt Niklas den Trainer skeptisch: „Warum hat der so gegrinst? Haben die überhaupt verstanden, was wir wollen?"

„Bestimmt", versichert der Trainer.

Niklas kann nicht weiter nachfragen, denn da kommt Freddy um die Ecke.

„Bin ich zu spät?", fragt er. „War die Versammlung schon? Wie ist es gelaufen?"

„Wir sind ganz begeistert!", antwortet Niklas.

Der Trainer, Niklas und Tobias grinsen und lassen Freddy einfach stehen. „Tja, Freddy. Wer zu spät kommt, steht dumm da." Der Trainer zückt seine Autoschlüssel. „Wir sehen uns Dienstag!" Und schon steigt er in seinen Wagen.

Auch Niklas und Tobias wollen sich gerade vom Acker machen, da kommt der braungebrannte Mann aus dem Vereinshaus. Er trägt eine lange Aluleiter über der Schulter, sieht sich kurz um und geht direkt auf Freddy zu.

„Du da! Kannst gleich mal mit anpacken."

Er stellt die Leiter an die Hauswand unter der kaputten Uhr. Niklas ahnt, was kommt. Unauffällig tippt er Tobias in die Seite und nickt seitlich mit dem Kopf. Das Zeichen, zu verschwinden. Tobias versteht wortlos. Beide schmunzeln.

„Tschüüüüs, viel Spaß dann noch", verabschieden sie sich von Freddy und laufen los. Als sie weit genug entfernt sind, drehen sie sich um und sehen, wie Freddy die Leiter hält und der Mann die große Uhr von ihrem Platz entfernt.

Doch die Schadenfreude über Freddys Arbeitseinsatz weicht schnell der Enttäuschung über die Sitzung.

„Die haben überhaupt nicht kapiert, was wir wollen", empört sich Niklas. „Die haben nicht mal richtig zugehört. Außer ihrer blöden Uhr haben die nichts im Kopf."

„Stimmt", pflichtet Tobias seinem Freund bei. Aber ein kleines bisschen kann er den Festausschuss auch verstehen. „Mal ehrlich", fragt er zögerlich. „Kannst du dir das denn schon so richtig vorstellen? Gestern Abend konnte ich nicht einschlafen. Ich war um Mitternacht noch wach, aber ich dachte, gut, dass wir jetzt nicht spielen müssen."

„Ehrlich?", lacht Niklas. „Mir ging es genauso."

„Echt?"

„Ja!", versichert Niklas. „Aber trotzdem, in meiner Fantasie male ich es mir aufregend aus: bunt, geheimnisvoll, leuchtend."

„Leuchtend?", wundert sich Tobias. „Was soll denn da leuchten? Die Tore vielleicht?"

Niklas ist von der Frage überrascht. So hatte er es gar nicht gemeint. Aber jetzt, da Tobias es angesprochen hat, kann er sich auch das vorstellen.

„Ja, vielleicht", sagt er deshalb. „Warum nicht? Das ist doch schon eine super Idee! Mit Lichterketten beleuchtete Tore!"

Das gefällt Tobias auch. Die beiden fantasieren weiter. Ein Gedanke von Tobias bringt Niklas auf eine zweite Idee und ein Gedanke von Niklas bringt Tobias auf eine dritte Idee. Der Rückweg vergeht rasend schnell und die beiden beschließen, den anderen beim nächsten Training von ihren Ideen zu erzählen und weitere zu sammeln.

STINKBOMBEN UND ANDERE IDEEN

Als Niklas und Tobias beim nächsten Training erscheinen, werden sie mit Fragen überschüttet.

Natürlich wollen alle wissen, wie die Sitzung verlaufen ist und was der Festausschuss zum Mitternachtsspiel gesagt hat.

„Und der Schirmherr!", ergänzt Stefan. „Was hat der gesagt?"

Tobias und Niklas sehen sich an. Sie wissen gar nicht, ob der Schirmherr überhaupt da war, denn sie haben keine Ahnung, wie der Zweite Bürgermeister der Stadt aussieht.

„Ist doch auch schnurz", findet Heiko. „Viel wichtiger ist, was es zu essen gibt. Grillen die Würstchen?"

„Würstchen?", wiederholt Niklas verblüfft. Auch das haben sie nicht gefragt.

„Wieso nicht?", will Rudi wissen.

„Weil wir dort waren, um unser Mitternachtsspiel vorzustellen!", erinnert Tobias die anderen. „Das ist doch wohl das Wichtigste!"

Rudi, Stefan und Heiko nicken.

„Und?", fragt Heiko. „Was haben sie dazu gesagt?"

„Sie haben versprochen, darüber nachzudenken", berichtet Niklas.

„Nachdenken?" Stefan versteht nicht und zupft Tobias am Ärmel. „Wie lange denn?"

„Keine Ahnung", antwortet der.

„Was sagen wir jetzt Marco und den Jungs?", fragt Rudi.

40 Aber darauf haben Niklas und Tobias leider auch keine Antwort.

Stattdessen ergreift der Trainer das Wort, der soeben durch die Tür kommt.

„Hallo, Jungs! Ich habe eine gute und eine schlechte Nachricht! Ich fang mal mit der guten an." Er schaut auf Tobias und Niklas. „Unser Besuch beim Festausschuss hat bewirkt, dass ich bei den zukünftigen Sitzungen dabei bin, damit ich eure Vorschläge einbringen kann."

Im Hintergrund probt Demir seinen Jodler und jubelt: „Jodelieieieiei!"

„Moment, Moment!", wiegelt der Trainer ab. „Bevor ihr euch zu früh freut, hier die schlechte Nachricht: Ich befürchte, die Herren …"

„… und eine Frau", korrigiert ihn Tobias.

Der Trainer wiederholt: „Ich befürchte, die Herren und die Dame haben noch nicht verstanden, wie ernst es euch ist."

„Das glaube ich auch", pflichtet Tobias dem Trainer bei.

„Hab ich ja gleich gesagt", erzählt nun Niklas. „Die haben gar nicht richtig zugehört!"

„Sondern?", hakt Rudi nach und schaut Freddy an.

„Keine Ahnung", gesteht Freddy. „Ich … war … nicht da."

Stefan schaut Freddy prüfend ins Gesicht. „Wieso nicht?"

„Freddy hat unseren Termin leider verpasst", erklärt der Trainer.

Freddy schaut verlegen weg.

„Und was machen wir jetzt?", fragt Stefan in die Runde.

„Vielleicht müssen wir ihnen Beispiele vorführen, wie das Mitternachtsspiel aussehen kann, damit sie es sich vorstellen können", schlägt Niklas vor und stößt damit auf allgemeine Zustimmung. Sogar Freddy ist dafür.

„Wir machen heute eine kurze Ausdauereinheit und verzichten auf Techniktraining und Spiel, damit ihr nach dem Dauerlauf genug Zeit habt, eure Ideen zu sammeln. Okay?", fragt der Trainer. „Seid ihr bereit?"

„Ja!", schallt es ihm entgegen.

Was hilft ihnen die beste Technik, wenn sie gar kein Spiel bestreiten?

Schnell verstauen die Jungs ihre herumliegenden Sachen, dann stehen sie bereit. Niklas ist schon gespannt, mit welchem Spiel der Trainer heute den Dauerlauf verbindet. Öde Runden um den Platz oder durch den Wald zu laufen, ist was für Opas, aber nicht für Kinder, findet der Trainer. Und wie immer ist auf ihn Verlass.

Er öffnet den Reißverschluss seiner Sporttasche und greift hinein. Dann zieht er vorsichtig einen Holzstab heraus und macht dabei ein Gesicht, als sei es ein goldener Pokal. So dick wie eine Dauerwurst und so lang wie zwei Fußballschuhe hintereinandergestellt. Er hebt ihn stolz mit beiden Händen nach oben, sodass ihn jeder sehen kann, und sagt: „Dieser Stab ist ein Zauberstab. Wer ihn hält, bekommt eine Idee für das Mitternachtsspiel."

„Ein Ideenstab!", murmelt Niklas.

„Ideenstab?", prustet Freddy los.

Doch Stefan wirft ihm nur einen scharfen Blick zu. Freddy hat den Auftritt beim Festkomitee verpasst und damit erst einmal nichts mehr zu melden.

Freddy verkneift sich seinen abfälligen Spruch.

Die Jungs hören dem Trainer weiter aufmerksam zu: „Wir laufen in einer Reihe hintereinander. Ich laufe mit dem Vordersten mit, und sobald der eine Idee zum Fest genannt hat, gibt er den Stab an den Nächsten weiter und läuft in der Reihe nach ganz hinten. Dann ist der Zweite vorne und mit seiner Idee an der Reihe. Habt ihr das verstanden?"

Alle nicken und laufen los.

„Ich fang schon mal mit dem ersten Stichwort an: Feuerwerk", sagt der Trainer und gibt den Stab an Stefan hinter ihm weiter.

Stefan muss gar nicht überlegen. „Lasershow!", ruft er. Und reicht den Stab an Rudi.

Doch Rudi bleibt stehen.

„Was ist?", fragt der Trainer.

„Lasershow?", wiederholt Rudi. „Das ist doch total plemplem."

„Wieso ist das plemplem?", braust Stefan auf. „Lasershows sind total cool!"

„Wo sollen wir im Verein denn eine Lasershow herbekommen?", will Rudi wissen. „Das ist doch irre teuer. Mit irre viel Technik und so."

„Das ist doch jetzt egal", erklärt der Trainer. „Es geht doch erst mal nur um die Ideen."

43

„Okay", gibt sich Rudi zufrieden.

Stefan läuft ans Ende der Schlange.

Und Rudi sagt: „Dreifach-Looping!"

Jetzt bleibt der Trainer stehen. „Was denn für ein Dreifach-Looping?"

„Eine Achterbahn mit Dreifach-Looping!", wünscht sich Rudi.

„Dreifach ist voll babyhaft", wendet Demir hinter ihm ein. „Wenn schon, dann fünffach."

„Halt, halt!", stoppt der Trainer die Debatte. „Also irgendwie durchführbar sollten die Ideen schon sein. Ihr wisst, dass wir weder einen Dreifach- noch einen Fünffach-Looping aufbauen können."

„Aber eine Lasershow?", fängt Rudi wieder an.

Niklas wird das jetzt zu dumm. Er läuft vor, nimmt Rudi den Stab aus der Hand und ruft: „Ein Fackellauf zum Aufwärmen!"

„Das ist gut!", finden sowohl Rudi als auch Demir und setzen sich wieder in Bewegung.

Der Trainer wirft Niklas einen dankbaren Blick zu und notiert den Vorschlag. Wie auch alle weiteren. Dabei wiederholt er jeden Vorschlag laut, damit alle ihn hören: „Klamotten mit Reflektorstreifen"; „Rote Lampen im Flutlicht"; bei „Stinkbomben im Klo" müssen alle laut lachen. Das notiert der Trainer nicht. Aber es war ein guter Witz von Demir. Dann geht es weiter mit „Masken" und „ein leuchtender Spielball".

Jetzt ist Tobias vorne, danach ist wieder Niklas dran. „Eine beleuchtete Torwand", sagt Tobias, gibt den Stab an Niklas und rückt nach hinten.

„Bengalische Feuer auf dem Tor", sagt Niklas und rückt auch nach hinten.

„Eine Rakete nach jedem Treffer!", schlägt Heiko vor, aber das will Rudi so nicht stehen lassen.

„Aber nur bei unseren Treffern. Wenn die Italiener eines schießen, dann …" Ihm fällt nichts ein.

„Egal", mischt sich Freddy ein. „Diesmal schießen die Italiener kein Tor."

Damit sind alle einverstanden.

Die Ideen sprudeln und der Trainer schreibt und schreibt. So entsteht in zwanzig Minuten Dauerlauf eine riesige Ideensammlung.

46 DIE EINLADUNG

Ein paar Tage später steht Niklas im Tor des Trainingsplatzes auf einer Leiter und kämpft mit einer Lichterkette, deren kleine Lampen sich ineinander verdreht und verhakt haben. Verzweifelt schaut er sich nach Tobias um, der einen ganzen Karton Windlichter über den Platz schleppt.

„Tobias!", ruft Niklas. „Hilf mir mal bitte! Schnell!"

Es ist bereits dunkel geworden, aber das Licht bleibt ausgeschaltet. Denn für diesen Abend haben sie sich etwas ganz Außergewöhnliches ausgedacht. Um den Festausschuss zu überzeugen, wollen sie ihm vorführen, wie spektakulär ein Mitternachtsspiel aussehen kann. Eigens dafür hat sich die gesamte Mannschaft auf dem Fußballplatz ihre alten Pyjamas über die Sportkleidung gezogen. Weil Mitternacht doch eigentlich längst Schlafenszeit ist.

Aber jetzt läuft ihnen die Zeit davon.

„Los! Beeilung!", brüllt Heiko. „Nur noch zehn Minuten!"

Er zündet an jeder Eckfahne eine Fackel an.

Rudi tackert die letzte Ecke des Torwandstoffs vor das Tor.

Demir hat den Stecker der Kabeltrommel an eine Steckdose angeschlossen: „Jetzt haben wir Strom!"

„Ich bin fertig mit den Taschenlampen!", verkündet Stefan stolz. „Für jeden gibt es eine! Und vergesst die Reihenfolge nicht!"

„Da kommen sie schon!", ruft der Trainer quer über den Platz. „Sind alle auf ihren Plätzen?"

Von überall schallt ihm ein klares Ja entgegen. Nur Freddys Stimme hört er nicht.

„Wo ist der denn schon wieder?"

„Auf Klo!", weiß Rudi.

„Mit Stinkbomben?", fragt Tobias.

„Er ist doch selbst eine!", antwortet Demir.

Wieder kichern alle. Auch der Trainer. Aber schnell wird er wieder ernst. Er geht den beiden einfahrenden Autos auf dem Parkplatz entgegen.

„Geschafft!", seufzt Niklas erleichtert. Zusammen mit Tobias ist es ihm gelungen, auch die letzte Lichterkette rechtzeitig am Tor zu montieren. Gleich werden die Herren und die Dame vom Festausschuss aus den beiden Autos steigen. Niklas schaut sich noch mal um. Hat auch wirklich alles geklappt?

Die Torwand ist fertig, die Kontrolllampe für den Strom brennt. Alle tragen einen Leuchtgurt. Jeder hat eine Taschenlampe, über die eine Packpapiertüte gestülpt ist, die wiederum mit einer Kordel am Griff festgeknotet ist.

Niklas zupft nervös an seinem Ärmel. Aus diesem Schlafanzug ist er längst herausgewachsen, die Hosenbeine sind auch viel zu kurz. Aber halb so schlimm, denkt er, hier im Dunkeln sieht man das nicht gleich und irgendwie sehen alle lustig aus.

Die Mitglieder des Festausschusses staksen über das Fußballfeld und Niklas kann sich nicht vorstellen, dass einer von ihnen jemals Sport getrieben hat.

Er spürt, wie seine Handflächen schweißnass werden vor Aufregung, genau wie bei seinem Auftritt vor dem Ausschuss im Vereinshaus. Heute wird es aber hoffentlich besser laufen.

Der Festausschuss hat sich mittlerweile komplett vor den Jungs versammelt, die sich ebenfalls nebeneinander aufgestellt haben. Wie vor Beginn eines Fußballspiels – nur eben in Schlafanzügen.

„Was ist das Wichtigste beim Fußball?", fragt der Trainer.

„Teamgeist und Tore", antworten sie im Chor. Im selben Moment schalten alle ihre Taschenlampen an, die die aufgestülpten Tüten jetzt von innen beleuchten. Auf den Tüten steht „FC Berne" und „100 Jahre".

„Das Motto gehört doch andersrum: 100 Jahre FC Berne", mosert der Ehrenvorsitzende Herr Schwabing.

„Geduld, Geduld!", sagt der Trainer. In diesem Moment werden die letzten Lampen dazugeschaltet. Auf denen steht „jung".

„FC Berne 100 Jahre jung" ist zu lesen.

„Dieses Motto schlagen die Jungs für das Jubiläum vor", erklärt der Trainer den überraschten Gästen.

Die Herren und die Dame staunen und scheinen nachzudenken.

Nur Herr Schwabing nicht. „Wieso denn jung?", muffelt er. „Wir sind doch stolz darauf, so eine lange Tradition zu haben."

„Aber wir sind auch ein moderner Verein", wirft der Trainer ein. „Deshalb ja auch eine neue Digital-Stadion-Uhr."

Der braungebrannte Mann verzieht sein Gesicht zu einem Lächeln. Auch der Vereinsälteste Herr Silberhahn schmunzelt und sagt: „Sehr interessant. Alles eine Frage der Sichtweise."

13 Lampen, genauer 13 Jungs, laufen nun in einer Reihe zum Tor. Sie winken mit ihren Lampen und fordern die Gäste auf, mitzukommen. Das ist für die Herren und die Dame nicht so leicht. Ihr Gang ist sehr langsam und bei jedem Schritt seufzt oder stöhnt jemand.

„So ein Quatsch!", hört Niklas Herrn Schwabing schnaufen, als die Ausschuss-Mitglieder sich dem Tor nähern. „Mitternacht. 100 Jahre jung, so ein Quatsch!"

Am Tor angekommen, klopft Niklas' Herz vor Aufregung. Er zupft an einer Kante seines viel zu kurzen Schlafanzugoberteils. Der Trainer nickt ihm zu und Niklas beginnt.

„Danke, dass Sie zu uns gekommen sind. Wir würden uns freuen, wenn wir ein Mitternachtsspiel machen könnten, in dem wir gegen unsere italienischen Gäste antreten."

„Kann man denn nicht einfach feiern wie immer?", knurrt Herr Schwabing.

Im gleichen Moment drückt Demir einen Schalter an der Kabeltrommel. Das ganze Tor erstrahlt. Die Gäste staunen. Aber auch Niklas und die Jungs sind überrascht. Für einen Test war keine Zeit geblieben. Vom Tor geht ein geheimnisvolles Licht aus. Verhüllt mit einem Tuch, verraten die beiden Löcher darin, eines unten rechts, eines oben links, worum es geht. Die Löcher sind mit reflektierendem Band

umklebt. Vor einem der Löcher hängt ein Ball, den zwei Jungs mit besonders starken Taschenlampen von beiden Seiten anleuchten.

„Treffer!", sagt der Herr mit dem großen Ring. „Die Überraschung ist euch wirklich gelungen!" Sein Blick bleibt an der ungewöhnlichen Torwand hängen. „Ich finde, das Tor sieht schön aus."

Rudi geht mit einem tischtennisballgroßen Fußball auf ihn zu und fragt: „Sind Sie der Schirmmann?"

„Schirm...?", stottert der Mann mit dem Ring. Dann begreift er, was Rudi meint, und lacht: „Also, ich bin der stellvertretende Bürgermeister und habe die Schirmherrschaft für das Jubiläumsfest, ja. Aber ..."

Rudi unterbricht ihn und sagt: „Dann ist das für Sie!"

Er überreicht dem Bürgermeister den kleinen Fußball, in dem ein Schirm aus Papier steckt, wie Niklas ihn als Dekoration von bunten Mix-Getränken kennt.

„Oh, das ist aber nett", bedankt sich der Bürgermeister und nimmt den Schirm-Fußball entgegen wie einen kleinen Pokal. „Also, meine Herren. Und meine Dame. Ich persönlich finde ein Mitternachtsspiel sehr interessant. Was meinen Sie?"

Die Herren und die Dame meinen offenbar nichts. Zumindest sagen sie nichts. Trotzdem ist deutlich zu spüren, dass die Stimmung des Festausschusses sich offenbar zugunsten des Mitternachtsspiels neigt.

Niklas stupst Tobias an und flüstert: „Siehst du? Die haben uns das letzte Mal einfach nicht zugehört."

"Zumindest hat sich lange niemand mehr so viel Mühe gegeben, neue Ideen für ein Vereinsfest zu entwickeln", räumt Herr Silberhahn ein, was Herr Schwabing wiederum als Beleidigung auffasst. Er will gerade etwas erwidern, doch der Schirmherr stoppt ihn mit einer Handbewegung.

"Nein, nein. Ihre Kaffeekränzchen in allen Ehren, werter Schwabing. Aber das hier ..." Er zeigt auf das beleuchtete Tor. "... ist doch wirklich mal etwas anderes."

"Viel zu teuer!", wendet Herr Schwabing ein. Das ist das Einzige, was ihm noch einfällt. Ein Argument, das nach seiner Erfahrung eigentlich immer gut geeignet ist, um eine Idee abzubügeln.

"Aber wir können doch noch neue Unterstützer suchen?", schlägt der braungebrannte Mann vor.

Herr Schwabing verzieht das Gesicht, weil sich das nach zusätzlicher Arbeit anhört. Die anderen aber finden die Idee des Braungebrannten sehr gut.

Dann verabschieden sich die Ausschussmitglieder, bedanken sich nochmals für die Mühe, die die Kinder sich gemacht haben, und zockeln zurück zu ihren Autos.

Im Hintergrund haben die anderen Jungs damit begonnen, einen Kreistanz zu veranstalten. In der Mitte steht der Trainer, der von weißen Schlafanzuggespenstern umzingelt wird.

Und was ist nun, überlegt Niklas. Neue Unterstützer suchen? Was bedeutet das? Er ist sich nicht sicher, ob die Herren und die Dame sie dieses Mal endlich verstanden haben.

Er schüttelt seine Gedanken ab, hakt sich bei Tobias ein und schließt sich dem Freudentanz der anderen an.

Am liebsten würde Niklas mit Marco und den Jungs aus Bologna einen Freundschaftstanz um ein großes Feuer herum machen. Dann könnten alle Demirs Freudenjodler üben und gemeinsam in die Nacht rufen. In Niklas' Fantasie wirbeln viele Pulli-Lassos und Schuh-Propeller durch die Luft, und natürlich: viele Torschüsse direkt in das Tor von Marcos Jungs.

DER WETTBEWERB

Auch beim nächsten Training kommt der Trainer wieder mit Neuigkeiten aus dem Vorstand. Blitzschnell ist es mucksmäuschenstill. Die Jungs unterbrechen das Umziehen, um auch kein einziges Wort zu verpassen.

„Wann spielen wir mal wieder richtig Fußball und schießen Tore?", fragt Freddy mitten in die Stille. „Oder sind wir eine Mannschaft, die nur noch im Umkleideraum sitzt oder Tore beleuchtet?"

„Da hast du Recht", räumt der Trainer ein. „Auch wenn du fast unsere gesamte Vorstellung auf dem Klo verbracht hast."

Kurz flammt Gelächter in der Kabine auf. Doch schnell wird es wieder still, damit der Trainer weitersprechen kann.

„Natürlich wollen wir spielen. Darum fasse ich mich kurz. Der Vorstand hat das Mitternachtsspiel beschlossen!"

„Yippiiieeehhh!"

Der Freudenschrei ist so laut, dass der Trainer sich kurz die Ohren zuhalten muss. Dann nimmt er die Hände von den Ohren, um mit wedelnden Bewegungen für Ruhe zu sorgen.

„Moment!", brüllt er. „Das war noch nicht alles!"

Nur langsam ebbt das Gejohle ab.

Tobias ruft: „Seid mal ruhig. Was heißt denn das: noch nicht alles?"

„Das wollte ich euch ja gerade mitteilen", sagt der Trainer. „Wer das Mitternachtsspiel bestreiten darf, soll in einem vereinsinternen Wettbewerb entschieden werden."

Schlagartig ist es totenstill im Raum.

„Wie? Wettbewerb?" Rudi versteht nicht.

„Was bedeutet das denn?", fragt Stefan.

„Den Wettbewerb bestreiten wir gegen Juventus Bologna. Wer denn sonst?", stellt Tobias klar.

Die anderen stimmen ihm heftig zu.

Der Trainer zuckt mit den Schultern und sagt: „Der Vorstand sieht das anders."

„Hä?", brüllt Stefan.

Niklas kann es nicht fassen.

„Aber die Idee kommt doch von uns! Dann spielen wir doch auch!"

„Oder wollen die alten Knacker vom Vorstand etwa selbst spielen?", tönt Freddy.

„Dann sollen sie mal", lacht Heiko. „Das will ich sehen! 1. FC Rollstuhl gegen Fortuna Krücke!"

„Heiko. Bitte!", weist der Trainer ihn zurecht.

„Pft!", macht Heiko und wirft seine Jeans enttäuscht in die Tasche. „Erst klauen die unsere Idee und jetzt müssen wir noch darum kämpfen."

„Gegen wen überhaupt?", fragt sich Rudi. „Und was für ein Wettbewerb?"

„Genau", ergänzt Stefan. „Vielleicht Rätselraten? Bilder malen? Eierlaufen? Sackhüpfen?"

„Jedes Fest braucht viele Sponsoren", erläutert der Trainer. „Die Gruppe, die die erfolgreichsten Beiträge und Spendenaktionen durchführt, wird mit der Teilnahme am Mitter-

nachtsspiel belohnt. Der Vorstand vergibt dafür Fleiß- und Ideenpunkte."

„Fleiß- und Ideenpunkte?", staunen die Jungs.

„Ich dachte, ich bin im Fußballverein. Da geht es um Tore! Nicht um Fleißpunkte!"

„Fleißpunkte sind Scheißpunkte", ruft Freddy und erntet dafür bitterbösen Beifall.

„Die Lokalzeitung und das Lokalradio haben auf die Ankündigung des Vorstandes bereits reagiert. Sie wollen auf jeden Fall bei dem Mitternachtsspektakel dabei sein. Im Verein wächst das Interesse an eurer Idee und die Mädchen wollen auf jeden Fall auch spielen."

„Die was?" Tobias steht der Mund sperrangelweit offen.

Stefan verzieht das Gesicht, als hätte er vergammelte Milch getrunken.

Heiko schnappt nach Luft, als ob er gerade ersticken würde.

Rudi pult sich im Ohr, als wäre es verstopft und als hätte er nicht richtig verstanden.

„Mädchen?", fragt Freddy. „Was denn für Mädchen?" Er schaut sich um, als ob sich irgendwo in der Umkleidekabine zwischen den aufgehängten Jacken heimlich ein paar Mädchen versteckt haben könnten.

„Ihr wisst doch: Der FC Berne hat seit dieser Saison eine Mädchenmannschaft! Diesmal haben sich genug gemeldet!", erläutert der Trainer.

„Das ist ja wohl der Hammer!", empört sich Tobias. „Das

Mitternachtsspiel war unsere Idee! Wir haben das Tor beleuchtet. Da haben die Mädchen wahrscheinlich schon geschlafen!"

„Genau wie beim Fußball. Mädchenfußball, das beste Schlafmittel. Na dann, gute Nacht!" Stefan legt den Kopf auf seiner Tasche ab und macht Schnarchgeräusche.

„Ich weiß nicht, ob schlafen jetzt das Beste ist. Die Mädchen schlafen nicht! Die haben schon angefangen, Fleißpunkte zu sammeln", erzählt der Trainer.

„Typisch!", antwortet Stefan und setzt sich wieder in die Aufrechte. „Keine Ahnung von Fußball, aber sich mit Fleißpunkten anschleimen."

„Genau! Und Ideen klauen, das können sie!", schimpft Rudi.

Beim anschließenden Training geht es besonders heftig zur Sache. Jeder tobt seine Wut und Enttäuschung auf dem Platz aus. Der Trainer versteht das und unternimmt zunächst nichts. Obwohl man mit Wut im Bauch keine guten Leistungen bringt. Eher im Gegenteil. Schon beim ersten Übersteiger im Trainingsspiel verstolpert Freddy den Ball und legt sich auf die Nase.

Auch Niklas unterlaufen Fehler, die ihm schon lange nicht mehr passiert sind. Tobias schickt ihn mit einem herrlichen langen Ball an die rechte Seite. Niklas nimmt den Ball geschickt mit dem Fuß an –

und legt ihn sich dann zu weit vor. Statt einen seiner gekonnten Flankenläufe zu zeigen, bleibt Niklas nur stehen und schaut zu, wie der Ball ins Toraus rollt.

„Oh Mann!", schreit Niklas sich die Wut aus dem Leib.

Zehn Minuten sieht der Trainer sich das Gebolze auf dem Platz an. Dann pfeift er ab.

„So!", sagt er. „Heute hat das wenig Sinn. Wir machen noch eine Viertelstunde Gymnastik und dann Schluss für

heute. Übermorgen versuchen wir es dann erneut. Denn eines ist ja wohl klar: Nur, weil wir Jubiläum feiern, hören die Spiele nicht auf. Sonntag müssen wir wieder ran."

„Pah", schnauft Freddy. „Bis dahin habe ich vielleicht längst den Verein gewechselt."

Der Trainer schaut ihn ernst an. „Was soll das denn jetzt, Freddy?"

„Ist doch wahr", unterstützt Heiko ihn. „Soll doch der Altenheim-Vorstand mit den Mädchen Fußball spielen. Ohne uns!"

Noch nie hat Niklas sich in seiner Mannschaft so unwohl gefühlt wie nach diesem Training. Und alles nur wegen des blöden Vorstands, der diesen noch blöderen Wettbewerb ausgerufen hat. Hätte Niklas doch bloß nie diese Idee mit dem Mitternachtsspiel gehabt.

Auf dem Nachhauseweg grübelt Niklas vor sich hin, was um alles in der Welt er Marco schreiben soll. Vielleicht: „Hallo, Marco. Bei unserem Fest gibt es ein tolles Mitternachtsspiel. Da kickt ihr gegen unsere Mädchen!"

Eher gräbt Niklas sich ein! Den Kopf tief zwischen die Schultern gezogen und den Blick gesenkt, stampft er nach Hause. Aber außer Wut verspürt er auch einen mächtigen Hunger im Bauch. Bestimmt hat seine Mutter ihm wieder Pfannkuchen gebacken. Sein zweitliebstes Lieblingsessen. Oder sie hat Spaghetti mit Tomatensoße gekocht. Sein allerliebstes Lieblingsessen.

Doch als er zu Hause klingelt, öffnet ihm seine Mutter die Tür mit einem breiten Grinsen. „Du hast bestimmt Hunger!"

„Stimmt", antwortet Niklas und er merkt, wie sich seine Stimmung ganz langsam bessert.

„Heute habe ich eine Überraschung für dich. Fußballbrötchen!"

Niklas sieht sie fragend an. Was um alles in der Welt ist ein Fußballbrötchen?

Bevor er mit eigenen Augen sehen kann, um was es sich dabei handelt, sagt Tobias es ihm. Der ist nämlich am Telefon, das ihm seine Mutter im Flur jetzt reicht.

Verwundert nimmt Niklas den Apparat in die Hand. Weshalb ruft Tobias ihn an? Sie haben sich doch gerade eben noch beim Training gesehen.

Tobias hält sich gar nicht lang mit Vorreden auf. „Hast du die Brötchen schon gesehen?", überschlägt sich seine Stimme am Telefon.

„Brötchen?"

„Die Fußballbrötchen!" ruft Tobias, als hätte schon die ganze Welt davon gehört.

Niklas erzählt, dass er noch nichts von diesen seltsamen Brötchen gehört hat, aber dass seine Mutter ihm auch gerade welche auf den Tisch gestellt hat.

„Nicht essen!", kreischt Tobias, als ob sie vergiftet wären. „Der Bäcker am Vereinsheim backt Brötchen wie ein Fußball", erklärt Tobias. „Die gehen weg wie warme Semmeln! Von jedem verkauften Brötchen spendet er zehn Cent für das Jubiläumsfest."

Niklas kann sich zwar kein Brötchen vorstellen, das wie ein Fußball aussieht. Trotzdem versteht er nicht, was daran so schlimm sein soll.

„Was daran schlimm ist?", ereifert sich Tobias. „Dreimal darfst du raten, ob der Bäcker einen Sohn oder eine Tochter hat, die bei uns im Verein Fußball spielt."

Niklas weiß, dass niemand aus seiner Mannschaft einen Vater hat, der Bäcker ist. Also muss es ein Mädchen sein.

„Also?", fragt Tobias. „Alles klar? Seine Tochter Johanna lässt Papi backen und sie kassiert dafür die Punkte. Es steht schon 1 : 0 für die Mädchen!"

Niklas ist sprachlos.

Aber das ist noch nicht alles, was Tobias in der kurzen Zeit erfahren hat. Es gibt nur einen einzigen Grund, weiß er zu berichten, weshalb ihnen die Idee geklaut und zum Wettbewerb ausgeschrieben wurde: „Die Enkeltochter des Vereinsältesten …"

„Herrn Silberhahn?", fragt Niklas.

„Ha!", meckert Tobias ins Telefon. „Sumpfhuhn, würde ich eher sagen. Wanda, also seine Enkelin, hat die Mädchenmannschaft aufgebaut und will nun auch unbedingt um Mitternacht spielen, die blöde Schnepfe."

„Niklas, Mäuschen! Wo bleibst du denn?"

Niklas' Mutter steht im Flur und drängt zum Essen. „Willst du denn deine Fußballbrötchen gar nicht essen?"

„Auf gar keinen Fall!", antwortet Niklas entschieden und verabschiedet sich von Tobias.

So geht das nicht! Jetzt muss schnell was passieren, denkt Niklas. Was er braucht, sind keine Fußballbrötchen, sondern eine neue Idee.

Und zwar so schnell wie möglich!

62 DIE KRISENSITZUNG

Wenn ein Verein in Abstiegsgefahr ist, tagt immer sofort ein Krisenstab, um weitere Maßnahmen zu beschließen. Meistens wird danach der Trainer gefeuert. Das haben Tobias und Niklas nicht vor. Aber eine Krisensitzung haben sie dennoch einberufen. Mitten auf dem Trainingsplatz. Obwohl heute gar kein Training ist.

So schnell hatten auch nicht alle Zeit, zu kommen. Aber neben Niklas und Tobias sitzen noch Demir, Rudi und Stefan im Kreis und überlegen, wie sie die drohende Niederlage gegen die Mädchen abwenden können.

Gestern sind die Mädchen mit dem blöden Gebäck in Führung gegangen. Und jetzt haben sie noch eins draufgelegt. Sie sind von Tür zu Tür gerannt, haben alten Plunder gesammelt und wollen den nun am nächsten Samstag auf dem Flohmarkt verkaufen. Schon 2:0 für die Mädchen.

„Dabei heißt es sonst immer, Süßes ist ungesund", nörgelt Stefan.

„Deshalb brauchen wir eine gesunde und sportliche Idee", findet Rudi. „Torwandschießen zum Beispiel! Das macht immer Spaß."

„Es müsste aber ein besonderes Toreschießen sein", findet Niklas. „Irgendwie anders als sonst."

Die Jungs grübeln. Tobias hat schließlich eine Idee.

„Dosenschießen mit Fußbällen!"

Die Gesichter von Stefan und Demir hellen sich auf.

Nur Rudi hat einen Einwand. „Dosen sind zu klein, um sie zu treffen. Eimer wären besser."

„Mayonnaise-Eimer!", schlägt Demir vor. Die anderen lachen. Wieder einer von Demirs Scherzen. Aber diesmal meint Demir es ernst. „Mein Vater hat solche Eimer in seinem Imbiss. Davon können wir bestimmt einige bekommen!"

„Super, Demir!", lobt Stefan und steuert auch gleich eine Idee bei. „Damit es nicht so langweilig wird, kleben wir Fotos darauf."

„Fotos?", wundert sich Tobias.

Stefan grinst ihn an. „Von unseren Lehrern zum Beispiel!"

Die Jungs johlen.

„Schießen auf die Eimerköpfe unserer Lehrer! Super Idee!" Da sind sich alle einig. Auch wenn sie auf unterschiedliche Schulen gehen. Dann kann sich eben jeder aus der Mannschaft drei Lehrer aus seiner Schule aussuchen. Tobias fallen auch geich drei ein: Herr Holzhausen, Frau Klingbeil und Frau Crumbiegel. Die Fotos sind nicht nur in jeder Schulchronik zu finden, sondern auch auf den Webseiten der Schulen. Brauchen sie also nur noch die Eimer.

Sofort rennen sie los zum Döner-Imbiss von Demirs Vater.

„Wie viel?", fragt Demirs Vater. Mit den Jungs ist er hinunter in den Keller gegangen. Dort zeigt er auf einen Stapel von Eimern, Kisten und Kästen. „Habt ihr Glück. Wird einmal im Monat abgeholt. Aber erst morgen. Also wie viel?"

Demir und Stefan schauen Niklas an. Darüber haben sie

64 sich keine Gedanken gemacht. Wenn jeder aus der Mannschaft drei Lehrer benennt, wären das 42. Viel zu viel für ein Eimerschießen.

„Elf", entscheidet Niklas. Wenn schon Fußball-Eimerkopf-Schießen, dann auf eine komplette Eimerkopf-Mannschaft.

„Nehmt euch", lädt Demirs Vater die Jungs ein. „Aber ist nicht alles Mayonnaise. Auch Gurke. Siehst du hier."

Tobias lacht. „Zu Frau Crumbiegel passt Gurkenkopf ohnehin am besten!"

„Wer ist Crumbiegel?", fragt Demirs Vater.

Aber Demir winkt schnell ab. „Kennst du nicht."

Was auch stimmt. Demir geht auf eine andere Schule.

„Und Krautsalat. Und Ketchup. Und Olive", zählt Demirs Vater weiter auf.

„Super!", versichert Tobias.

Mit einem kleinen Plastikkarren, den ihnen Demirs Vater für ein paar Tage leiht, befördern sie die Eimer zu Niklas

nach Hause. Sie stapeln sie in Niklas' Zimmer. Dort schaut er
im Internet gleich nach den Fotos der Lehrer, während Tobias die anderen aus der Mannschaft informiert.

Obwohl Niklas den Drucker verwenden darf, ist er etwas unsicher. Damit die Köpfe gut zu sehen sind, druckt er sie in voller Größe über das ganze Papier. Das braucht viel Druckerfarbe und Niklas weiß nicht, ob sein Vater eine Ersatzpatrone hat.

„Was machst du denn da?", fragt Mutter aus dem Flur. Sie hört bei jedem Papierauswurf das laute Klappern des Druckers.

„Nichts, schon gut! Bin gleich fertig!", ruft Niklas.

„Dieses Geklapper macht einen ja verrückt", beschwert sich seine Mutter.

„Nur einen Kopf ... äääh ... einen Moment noch", versucht er sie zu beruhigen.

Seine Mutter stellt den Staubsauger an, der durchs Haus dröhnt wie ein Düsenjet.

Der Drucker wirft den letzten Lehrerkopf aus. Die Farbe hat gereicht.

„Fertig!" Niklas stellt den Drucker aus und verschwindet mit den Fotos wieder in seinem Zimmer.

Auch die Lehrer von Demirs Schule liegen ausgedruckt vor, ebenso die von Rudi. Damit haben sie alle. Ihre gesamte Mannschaft geht auf drei verschiedene Schulen. Zweimal vier und einmal drei Lehrer. Macht elf.

Gemeinsam machen sich Stefan, Demir und Niklas ans Werk. Sie schneiden jeden Kopf einzeln sorgfältig aus. Sogar die Haarsträhnen des Direktors, der aus Niklas' Schule noch hinzukam, schneidet Niklas mühevoll aus, Strähne für Strähne. Tobias hat sich fürs Kleistern entschieden und pinselt die ausgeschnittenen Köpfe auf der Rückseite ein. Dann klebt er sie auf die Eimer.

Frau Crumbiegel schaut in den Himmel. Herr Steiner aus Demirs Schule guckt starr in die Kamera. Stefans Klassenlehrerin Frau Matthiesen schaut mit ernster Miene, als wüsste sie, was auf sie zukommt. Und Frau Klingbeils Brille ist verrutscht, als hätte sie schon jemand mit dem Ball getroffen.

„Jetzt fehlt nur noch der Direktor." Für ihn hat Tobias, wie bei Frau Crumbiegel auch, einen Gurkeneimer ausgesucht.

Am Ende stehen die Köpfe der Lehrer aufgereiht und gestapelt auf einem Brett, das Niklas zur Probe in seinem Zimmer aufgebaut hat.

„Wer macht den ersten?", fragt Niklas.

Und noch bevor Tobias oder Demir sich melden können, tritt Niklas den Ball selbst und trifft mitten in die Lehrerpyramide. Die Köpfe purzeln durcheinander. Der Direktor fällt als Erster zu Boden, weil er ganz oben stand; gefolgt von Herrn Holzhausen, der direkt auf ihn fällt.

Tobias und Demir jubeln mit Niklas. Sie sind sich ganz sicher: Da haben sie mal wieder eine richtig tolle Idee gehabt. Das Lehrer-Eimer-Schießen gibt nicht nur einen riesigen Spaß, sondern mindestens auch zwei Punkte: einen für den Fleiß und einen für die Idee. Herr Schwabing, die anderen Herren und die Dame werden staunen!

68 DAS GROSSE STAUNEN

Am nächsten Morgen helfen Demir und Heiko Tobias und Niklas beim Transport der Eimerköpfe. Auf ein Schild hat Tobias „Monster-Schießbude" geschrieben.

> Jeder Schuss zehn Cent
> als Spende für den FC Berne

steht auf einem zweiten großen Pappkarton. Das wird ein Knaller für die große Pause! In der zweiten großen Pause soll die Schießbude umziehen zu Demirs Schule. Und am nächsten Tag zu der Schule von Rudi. So machen sie mit einer Aktion dreimal Geld an drei verschiedenen Orten. Eine geniale Idee!

Kaum hat der Schulgong „Ding …" gemacht, da sind Tobias und Niklas schon beim „… Dong" von ihren Stühlen aufgesprungen und rennen zu dem Karren mit den Eimern, den sie hinter einer Treppe versteckt haben.

Auch Stefan und Heiko sind schon aus ihrem Klassenraum gestürzt. Die vier düsen blitzschnell auf den Schulhof und bauen den Eimerturm in Windeseile auf. Heiko malt einen dicken weißen Kreidekreis auf den Asphaltboden. Den Abschusspunkt. Sekunden später fallen schon die ersten Eimerköpfe um. Mindestens 20 Kinder wollen gleichzeitig schießen. Tobias und Niklas versuchen die Reihenfolge so zu organisieren, dass sich die anderen hinter dem Schützen or-

dentlich in die Schlange stellen und sich nicht um den Abschusspunkt drängeln wie ein Haufen wilder Wespen um den Honigtopf.

Nach dem Schuss kann sich der Schütze, wenn er will, erneut ans Ende der Schlange stellen, vorausgesetzt, er zahlt erneut zehn Cent.

Tobias und Niklas hatten Recht! Die Lehrer-Eimer-Pyramide ist die Pausensensation. Die Schlange wartender Kinder ringelt sich schon nach kurzer Zeit über den halben Pausenhof. Stefan und Heiko haben Mühe, die beiden Bälle schnell genug wieder zurückzuholen. Niklas und Tobias haben alle Hände voll zu tun, um den Bereich des Abschusspunktes für den Schützen frei zu halten. Einige Kinder haben sich vorne auch einfach nur zum Schauen dazugestellt.

Der erste Schuss ist leicht. Ein Treffer in die Mitte der Pyramide genügt und der Turm bricht in sich zusammen. Die Kinder jubeln und kreischen. Die Eimer wirbeln durch die Luft und landen verstreut auf dem Asphaltboden. Aber mit jedem Schuss stehen weniger Eimer auf dem Brett. Und mit jedem Schuss wird es schwieriger, einzelne Köpfe zu treffen. Eine Dose mit Schlitz im Plastikdeckel dient als Spendenkasse. Vor jedem Schuss klimpert es darin.

Im Moment steht nur noch ein Eimer auf dem Brett. Der Krautsalatkopf von Herrn Holzhausen will einfach nicht fallen. Schon vier Kinder haben ihn verfehlt und weit dran vorbeigeschossen.

„Lasst da mal einen Profi ran", drängelt sich ein Junge aus

einer höheren Klasse an den Abschusspunkt. „Was kann man denn gewinnen?"

„Wieso gewinnen?", fragt Tobias.

„Na ja", sagt der Große. „Beim Dosenwerfen kann man ja auch immer etwas gewinnen. Wie wär's mit dem da?"

Tobias weiß gar nicht, was der Große meint. Auch Niklas zunächst nicht. Bis er in die Richtung schaut, in die der Finger des Großen zeigt.

Erschrocken zuckt Niklas zusammen. Raufuß schaut halb aus seiner Hosentasche heraus! Sein Glücksbringer! Schnell steckt er ihn in die Tasche zurück.

„Das ist ein Wohltätigkeits-Schießen!", erklärt Niklas hastig. „Da kann man nichts gewinnen. Da spendet man und hat seinen Spaß. Aber du musst ja nicht."

Niklas zeigt auf die fünfzig Kinder, die Schlange stehen und darauf warten, endlich schießen zu dürfen.

Die Kinder vorne in der Schlange meckern auch schon: „Moment mal, du bist gar nicht dran!"

Aber der Große hört nicht hin. Theatralisch legt er den Ball in den weißen Kreis, als ob er den entscheidenden Elfer im WM-Endspiel schießen müsste.

„Hey!", geht Tobias dazwischen. „Du hast noch gar nicht bezahlt."

„Weg da, Kleiner!", befiehlt der Große.

„Bist du taub?", fragt Niklas. „Du hast dich vorgedrängelt, hast nicht bezahlt und zu gewinnen gibt es auch nichts!"

„Beeil dich, wir wollen den auch runterschießen", ruft ein Junge aus dem vorderen Teil der Schlange.

Der Ältere nimmt einen langen Anlauf und sagt: „Den Kopf kriegt ihr doch nie runter. Ich aber schon!"

Niklas und auch die anderen Kinder drum herum beobachten ihn genau. Ob das Großmaul so viel drauf hat, wie es behauptet? Der Junge startet mit Volldampf und tut gerade so, als wolle er den Ball über das Schulgebäude hinweg in den nächsten Stadtteil schießen. In dem Moment, in dem er den Ball erreicht und zum Schuss ausholt, schnappt ihm jemand den Ball weg und er tritt ins Leere.

„Wer kann mir das hier erklären?", fragt der Direktor. Unter dem einen Arm hält er den Ball, mit dem anderen hält er das Monster-Schießbuden-Schild hoch.

„Steht doch drauf", erwidert der Junge, der in die Luft getreten hat, und verschwindet schnell am Direktor vorbei durch das Gewühl.

„Weshalb geht es denn nicht weiter?", fragen ein paar Kinder vom hinteren Ende der Schlange.

„Den Eierkopf kriegen wir doch auch noch weg!", ruft ein anderer Junge selbstsicher.

„Schluss jetzt! Die Schießbude hat geschlossen!", brüllt der Direktor nach hinten.

„Was ist denn los, wann spielen wir weiter?", fragt ein Mädchen von hinten, das mit einigen anderen zusammen nach vorne kommt, um nachzuschauen.

„Was habt ihr euch bloß dabei gedacht? Köpfe umschießen!" Der Direktor ist außer sich und schaut sich die Fotos noch mal genauer an. „Das findet ihr lustig? Wer war das? Wer hat euch das denn erlaubt?"

Wie erlaubt?

Keiner der Jungs wäre auf die Idee gekommen, dass so eine tolle Pausenaktion extra erlaubt werden muss.

„Wir wollen doch Fleiß- und Ideenpunkte sammeln!", antwortet Niklas.

Der Direktor stutzt. „Fleiß- und Ideenpunkte? Seit wann gibt es denn so was an unserer Schule?"

„Nein, nein, nicht hier an der Schule, aber in unserem Fußballverein. Der feiert bald sein 100-jähriges Jubiläum und …"

„Jungs, ihr packt jetzt den Kram hier sofort weg und dann könnt ihr die Geschichte euren Eltern erzählen. Denen werde ich nämlich einen Brief schreiben. Und eurem Verein ebenso."

Mit den beiden Bällen unter dem Arm stampft der Direktor über den Hof in sein Büro.

„Dingdooongoooong!"

Der Schulgong signalisiert das Ende der Pause.

„Schaaade, das war mal eine supergute Pausenaktion. Das könnt ihr öfter machen", findet ein Junge in Niklas' Alter und dreht Richtung Klassenraum ab.

Niklas, Tobias, Heiko und Stefan stehen vor den heruntergeschossenen Köpfen und lassen die eigenen hängen. Die Eimer jetzt noch zu Demirs und Rudis Schule zu tragen, trauen sie sich nicht.

Beim nächsten Training geben sie das magere Ergebnis bekannt. 29 Kinder haben geschossen, bevor der Direktor angerauscht kam. 29 mal zehn Cent, das macht eine Sammlung von 2 Euro 90.

Mit hängendem Kopf übergibt Niklas dem Trainer das Geld. Außerdem hat er alle Eimer in dem Karren mitgebracht. Der Trainer hatte ihn darum gebeten. Die Fotos hat Niklas vorher abgerissen. Der Trainer nimmt das Geld entgegen und sagt: „Ich muss euch leider noch eine schlechte Nachricht überbringen."

„Noch eine?", fragt Demir verzweifelt.

„Der Vorstand hat beschlossen, euch für diese Aktion einen Punkt abzuziehen."

„Abziehen? Wie geht das denn?", schreit Stefan auf. Ein bisschen sieht es aus, als hätte er Tränen in den Augen.

„Wir haben doch noch gar keinen Punkt! Wie soll man da einen abziehen?", fragt Tobias.

„Stimmt. Und deswegen bekommen die Mädchen einen Punkt auf ihr Konto gutgeschrieben. Es steht also 3:0 für die Mädchen!"

„Wir hatten die ganze Arbeit und die Mädchen kassieren den Punkt?" Demir ist außer sich. Wütend springt er auf und tritt gegen seine Trainingstasche.

„Immer die Mädchen!", schimpft Rudi. „Das ist typisch!"

Tobias pflichtet ihm bei. „Nur, weil die eine blöde Schnepfe die Enkelin von Herrn Silberhahn ist. Das ist Schiebung!"

„Nein!", widerspricht der Trainer. „Weil ihr auf Lehrer-

köpfe ballert! Was ist denn das für eine Werbung für einen Sportverein? Eure Lehrer sind doch keine Schießbudenfiguren! Und wir sind Sportler. Wir schießen nicht auf Menschen. Auch nicht mit Bällen!"

„Pöh!", macht Freddy.

Niklas sagt nichts. Irgendwie hat der Trainer Recht, findet er. Daran hat er nicht gedacht. Er fand die Aktion witzig. Und bei den Schülern ist sie ja auch gut angekommen. Trotzdem tut man so etwas nicht. Selbst wenn man jemanden doof findet, gibt man ihn nicht zum Abschuss frei. Aber die Entscheidung des Vorstands ist ungerecht. Wieso werden die Mädchen belohnt, wenn die Jungs einen Fehler machen? So etwas macht man auch nicht, findet Niklas. Aber das behält er für sich.

„Nehmt es als bittere Tatsache", schlägt der Trainer vor. „Wie eine zweifelhafte Schiedsrichter-Entscheidung."

„Dann hab ich keine Lust mehr", ruft Rudi. „Sollen doch die alten Knacker mit den Mädchen nachts Fußball spielen! Wir gehen stattdessen lieber mit Marco und seinen Jungs auf den Jahrmarkt zum Karussellfahren oder so."

Rudi klatscht Beifall. Auch Heiko findet die Idee gut.

„Was seid ihr denn für eine Mannschaft?", fragt der Trainer. „Aufgeben, weil ihr in Rückstand geraten seid? Wir haben ja wohl noch eine zweite Halbzeit!"

„Die Mädchen führen 3:0!", erinnert Stefan.

„Und der FC Untertal?", fragt der Trainer zurück.

Alle wissen, worauf der Trainer anspielt. Ein Spiel, bei

dem sie in der Halbzeit 3 : 0 zurückgelegen haben, weil in der ersten Halbzeit alles schiefgelaufen war, was nur schiefgehen konnte. In der Pause hatte der Trainer eine kurze, aber heftige Ansprache gehalten. Und am Ende hatten sie noch ein 3 : 3 geschafft.

Aber wie sollen sie den Vorsprung der Mädchen aufholen? Dazu bräuchten sie eine neue Idee. Aber sie haben keine. Ihre Idee war die Fußballnacht. Die hat der Vorstand ihnen geklaut und sie haben keinen einzigen Punkt dafür bekommen. Das ist einfach gemein!

„Wenn der Vorstand auch nicht gut fand, was ihr gemacht habt, für euer Training war das eine super Idee!", versucht der Trainer zu trösten.

Tatsächlich? Alle heben den Kopf und sehen den Trainer verwundert an. Eimerkopfschießen? Doch eine gute Sache?

„Zielschießen auf Lehrerköpfe war eine gute Idee?", vergewissert sich Tobias ungläubig. Er hat doch gerade erst erfahren, dass man das nicht macht.

„Natürlich nicht!", entgegnet der Trainer. „Das habe ich doch gerade gesagt!"

„Hä?" Freddy versteht gar nichts mehr. „Was denn nun?"

„Zielschießen ist eine gute Idee!", erklärt der Trainer. „Und äußerst wichtig im Fußball. Aber natürlich nicht auf Köpfe!"

„Sondern?", fragt Rudi.

Der Trainer lacht und zeigt auf die mitgebrachten Eimer. „Na, auf Eimer natürlich!", erläutert der Trainer. „Heute steht Zielschießen auf dem Trainingsprogramm. Wir schießen

auf Krautsalat, Kartoffelsalat und Mayonnaise. Einverstanden?"

„Einverstanden!", antworten die Jungs mal wieder im Chor.

Das Training macht riesig Spaß. Die Eimer werden zu einem Turm übereinandergestapelt, auf einer Mauer aufgereiht oder im Torraum einzeln verteilt. Immer geht es darum, die Eimer zu treffen. Mal müssen sie als Torschuss einen Eimer wegfetzen; mal versuchen, eine Bananenflanke direkt in einem Eimer zu versenken; mal müssen sie zwischen zwei Eimern hindurch einen dritten treffen, wie einen klugen Pass in die Gasse.

77

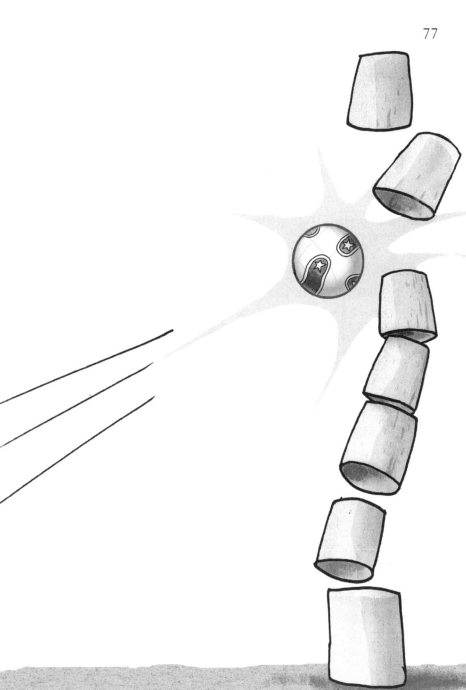

Ding! Dang! Ding! Die Eimer purzeln nur so durch die Gegend.

Dooong! „Yeahhhhhhh!", schreit Tobias, geht auf die Knie und macht die Siegerfaust. Er hat einen Volltreffer auf seinen Mayoeimer gelandet. Wäre der Eimer ein Mitspieler gewesen, hätte Tobias ihm mit diesem punktgenauen Pass den Ball direkt auf die Fußspitzen geschossen. Aber schon im nächsten Moment muss er den Kopf einziehen, weil ein Ketchup-Eimer vorbeigeflogen kommt.

„Aaaaaachtung!", brüllt Rudi dem Eimer hinterher, den er mit einem Gewaltschuss aus zwei Meter Entfernung weggeballert hat.

Tobias kann seinen Kopf gerade noch retten.

„Bist du blöde?", fährt er Rudi an. „Wir machen kein Köpfeschießen, kapiert, du Eimer?"

„Hey!", brüllt Stefan Heiko zu. „Der Gurkeneimer ist meiner! Du hast den Kartoffelsalat!"

„Klar!", antwortet Heiko. „Bei deinem Gegurke nicht zu übersehen." Er umdribbelt den Gurkeneimer und nimmt Maß auf seinen Kartoffelsalat.

Niklas steht auf dem Platz, schließt einen Moment die Augen und horcht nur. Das Spielfeld wird von einem seltsamen Geräuschteppich bedeckt. Wenn er nicht wüsste, was da los ist, dann würde er eher ein nahendes Gewitter mit Donnern in der Ferne vermuten. Jeder Treffer ein anderer dumpfer Ton, je nachdem, an welcher Stelle die Eimer getroffen werden.

Bei der letzten Übung muss jeder seinen Eimer mit gezielten Treffern Stückchen für Stückchen, Schuss für Schuss, ins Tor befördern. Es dauert eine Weile, bis alle Eimer auf diese Weise im Tor landen. Ein Tor voller Eimer! Der Platz ist wieder leer und still. Aber alle sind sich einig. Das war das beste Training, das sie seit Langem absolviert haben. Auch, wenn sie dafür keinen Punkt erhalten.

80 DIE ZUSAMMENARBEIT

Die Idee der Jungs, zum Vereinsjubiläum ein Mitternachtsspiel zu veranstalten, hat sich schnell herumgesprochen. Sogar beim Lokalfernsehen und der Zeitung ist das Interesse daran so groß, dass der Verein extra eine Pressekonferenz plant. Einen Punkt haben die Jungs für ihre Idee allerdings immer noch nicht bekommen, was Niklas nach wie vor ärgert.
Mittlerweile ist der gesamte Verein begeistert von der Fußballnacht. Trotzdem haben sich nur zwei Mannschaften gemeldet, die das Spiel bestreiten möchten: die Mannschaft von Niklas und die Mädchenmannschaft von Wanda. Für die Jugendlichen ist in dieser Nacht Freiluftdisco vorgesehen. Und auch alle anderen Mannschaften wollen sich lieber an dem Beiprogramm beteiligen.
Die Jungs müssen sich endlich so in diesen Wettkampf einschalten, dass daraus am Ende auch Punkte werden! Doch je größer der Vorsprung der Mädchen wird, und je näher das Fest rückt, desto schwieriger wird es für sie, in Ruhe darüber nachzudenken, wie sie an die notwendigen Punkte kommen sollen. Und da ist noch eine zweite Sache. Niklas muss Marco und den Jungs aus Bologna endlich auf ihren Brief antworten.

Niklas sitzt vor dem Blatt, auf dem ganz oben steht:
Lieber Marco!
Und darunter:
gähnende Leere! Strahlendes Weiß. Niklas denkt ange-

strengt nach, was er schreiben soll. Soll er vielleicht einfach schreiben, wie es ist? Immerhin: Wenn auch immer noch viel zu viele Reden auf ihrem Fest gehalten werden, die Fußballnacht wird stattfinden. Soll er gestehen, dass die Jungs aus Bologna im schlimmsten Fall gar nicht gegen Niklas' Mannschaft, sondern gegen eine Mädchenmannschaft spielen müssen?

Was ist denn, wenn die Jungs aus Bologna gar nicht gegen Mädchen spielen wollen? Die kommen schließlich, um das Revanchespiel gegen seine Mannschaft auszutragen. Und dann kommt der Vorstand und setzt ihnen Mädchen vor. Niklas verzieht das Gesicht. Wenn die Mädchen gewinnen, soll der Vorstand es selbst übernehmen, das den Jungs aus Italien beizubringen. Wahrscheinlich kehren die dann gleich wieder um.

Niklas legt den Stift beiseite. Sein Blick fällt auf eine Seite in der Fernsehprogrammzeitschrift, die aufgeschlagen auf dem Boden neben seinem Schreibtisch liegt.

„Zehn Tipps, wie Ihre Gäste sich bei Ihnen am wohlsten fühlen!", steht da.

Ha!, denkt Niklas. Bestimmt nicht dadurch, dass man sie gegen Mädchen Fußball spielen lässt.

Aber Moment mal! Warum ist er nicht früher darauf gekommen? Seine Mannschaft bekommt schließlich Besuch aus Italien und nicht die Mannschaft der Mädchen! Es sind *ihre* Gäste! Genau! Und daraus lässt sich eine Idee machen, die mindestens drei Punkte wert ist: Er wird mit seinen Jungs einen italienischen Abend veranstalten! Das ist es!

Das kleine Problem: Niklas war noch nie in Italien. Er kennt nur die italienischen Nationalspieler und ein paar italienische Fußballvereine.

Wie also bereitet man einen italienischen Abend vor? Was genau ist ein italienischer Abend?

Niklas lässt das leere Papier, das ein Brief an Marco werden sollte, und den Stift liegen und rennt ins Wohnzimmer, wo seine Eltern gerade fernsehen.

„Wart ihr schon mal in Italien?", fragt er.

Seine Eltern schauen sich an. Im Fernsehen wird gerade eine Frau erschossen und kippt vom Dach eines Hauses. Niklas weiß nicht, warum er gerade jetzt an Wanda denkt.

„Italien?", fragt seine Mutter.

Sein Vater stellt den Fernseher aus.

„Ja", sagt Niklas. „Was fällt euch zu Italien ein? Wart ihr schon mal dort?"

„Italien?", wiederholt seine Mutter. „Das ist schon lange her." Ihre Augen beginnen zu glänzen. „Da warst du noch gar nicht auf der Welt."

Sie dreht sich zu Niklas' Vater. „Warum waren wir eigentlich so lange nicht in Italien?"

Niklas' Vater zuckt mit den Schultern.

Mutter wendet sich wieder Niklas zu. „Da gibt es wunderschöne Schuhe", sagt sie und Niklas verzieht das Gesicht.

„Noch mehr als in deinem Schrank?", fragt er.

Sein Vater grinst.

„Und schöne Restaurants", wechselt seine Mutter das Thema. „Man kann abends lange draußen sitzen. Und …" Jetzt grinst sie Niklas' Vater an. „Da gibt es wundervolles Eis, von dem manche Menschen sich alle zehn Meter eines kaufen, bis sie nicht mehr in ihre Hose passen und sich einen neuen, schicken italienischen Maßanzug kaufen müssen."

Nun wechselt Niklas' Vater das Thema. „Italien, das ist Fußball!", behauptet er. „Ein total fußballverrücktes Land mit riesigen Stadien. In jeder Bar und jeder Kneipe stehen Fernseher, in denen die Fußballspiele live übertragen werden.

Leider mit wahnsinnig viel Werbung zwischendrin. Fast bei jeder Ecke eine Werbung."

„Und Pizza! Und Spaghetti! Oder?", ergänzt Niklas. Spaghetti mit Tomatensoße und viel Käse obendrauf ist sein absolutes Lieblingsessen.

„Genau!", bestätigen seine Eltern.

„Und Strände und Meer!"

„Und der beste Kaffee der Welt. Espresso, Cappuccino …"

„Okay!", sagt Niklas und dreht wieder ab in sein Zimmer. Dort nimmt er ein neues Blatt Papier und beginnt eine Liste von Ideen aufzuschreiben. Ganz oben kritzelt er um das Wort Pizza herum eine Pizza, die aussieht wie ein Fußball. Vielleicht backt der Pizzamann für sie Fußball-Pizza? Auf jeden Fall besser als Fußball-Gebäck! Und beim Eiscafé ein paar Schritte weiter könnten sie auch fragen. Neben das Wort Eiscafé kritzelt er bunte Kugeln in den Farben der italienischen Flagge. Grün? Leckere Pistazie! Weiß? Kokos oder Zitrone oder Banane! Rot? Klar, Erdbeere! Für ein Eis in den Farben der deutschen Flagge wird es schon komplizierter. Gold? Oder Schwarz? Er kann sich nicht erinnern, jemals ein schwarzes Eis gesehen zu haben. Egal, soll ja auch ein italienischer Abend werden. Rund um das Blatt kritzelt er Schlangenlinien und rote Flecken. Die Spaghetti mit Tomatensoße und Käsehaube dürfen auf keinen Fall fehlen!

Soll er Großvater fragen, ob er mitkommt? Niklas geht gleich noch mal ins Wohnzimmer zurück. „Ich ruf mal kurz Opa an, okay?" Und schon ist er wieder in seinem Zimmer.

„Da brauche ich nicht mitzugehen", ist Opa sicher. „Das schafft ihr alleine! Wichtig ist, dass die Pizzeria und das Eiscafé euch unterstützen. Das heißt, sie bezahlen alles, was ihr euren Gästen bietet. Dann wird darüber vielleicht ein toller Artikel in der Zeitung geschrieben. Oder sie werden sogar im Fernsehen gezeigt. Und so erfahren viele Leser und Zuschauer, wie nett die Besitzer der Pizzeria und des Eiscafés sind. Und vielleicht gehen andere dann auch mal dorthin und kaufen eine Pizza oder ein Eis. So funktioniert das mit den Sponsoren. Für euch ist es ein tolles Erlebnis. Und für die eine tolle Werbung."

„Danke!", sagt Niklas, bringt das Telefon zurück ins Wohnzimmer und macht weiter mit seiner italienischen Liste.

Die Schuhe lässt er weg. Er hat einmal auf einem Flohmarkt alte Schuhe von seiner Mutter verkauft. Das langt fürs Leben. Und Kaffee? Niklas kaut auf seinem Stift und überlegt. Doch!, entscheidet er endlich. Für die Erwachsenen. Den Cappuccino muss auch das Eiscafé machen. Heißt ja schließlich schon Café!

Sonne, Sand und Meer kann er nicht auf den Fußballplatz zaubern. Aber das macht nichts. Vielleicht haben die anderen ja auch noch Ideen.

Niklas will keine Zeit verlieren. Sofort muss er den anderen Bescheid geben. Zum Glück haben sie in der Mannschaft eine Telefonkette. Die ist dafür genau richtig. Die ist noch sicherer, als E-Mails zu verschicken, weil man sofort weiß, ob man alle erreicht oder nicht. Außerdem haben manche keine eige-

ne Mailadresse, sondern nur die über ihre Eltern. Aber jeder von ihnen hat zu Hause eine Liste hängen, auf der ihre Namen kreisförmig angeordnet notiert sind wie an einer Kette.

Niklas' Telefonpartner ist Tobias. Der ist sofort begeistert.

„Also, ich wiederhole", sagt er, um nichts Falsches weiterzugeben. „Wir machen einen italienischen Abend und sprechen darüber vor unserem nächsten Training. Und damit uns keine Trainingszeit verloren geht und wir genug Zeit zum Besprechen haben, treffen wir uns schon eine halbe Stunde früher. Und jeder soll sich schon mal Gedanken machen, was ihm zu Italien einfällt. Ich habe verstanden."

DIE VORBEREITUNGEN

Niklas schaut sich unruhig um. Sicherheitshalber war er schon eine Dreiviertelstunde vor dem Training am Vereinsheim. Aber außer Tobias ist niemand dazugekommen. Jetzt sind es nur noch drei Minuten bis zum vereinbarten Zeitpunkt, und noch immer ist niemand von den anderen da. Noch nicht einmal Heiko, der sonst immer einer der Ersten ist.

„Hast du auch wirklich alles richtig weitergegeben?", fragt Niklas.

„Natürlich!", sagt Tobias und klingt fast beleidigt.

„Dann ist die Telefonkette doch keine gute Idee", glaubt Niklas.

„Bisher hat sie immer gut funktioniert", wendet Tobias ein. Allerdings haben sie die Kette auch erst drei Mal benutzt. Tatsache ist: Weit und breit ist niemand von den anderen zu sehen.

„Und was ist, wenn die Jungs die Idee mit dem italienischen Abend blöd finden?", fragt Tobias.

„Meinst du?" Niklas ist ganz verunsichert. Er fand, das war eine tolle Idee. Aber wenn die anderen alle anderer Meinung sind …

„Wie kommen wir dann an die Punkte?", fragt Tobias.

„Vielleicht ist den anderen das ja auch egal", vermutet Niklas und kickt enttäuscht einen Stein beiseite. „So ein Mist!"

Doch da hört er etwas.

„Olééé, oléoléolé!", dröhnt es von der Rückseite des Vereinsheims. Der Gesang kommt näher und wird immer lauter. Und plötzlich marschiert eine ganze Kolonne grölender Jungs um die Ecke. „Olééé, oléoléolé!"

Ganz vorne geht Heiko und wedelt mit einer kleinen italienischen Flagge in der Luft herum.

„Die sind schon mitten drin im italienischen Abend!", freut sich Tobias.

Im gleichen Moment verfliegen Niklas' Bedenken, dass die Jungs seine Idee blöd finden könnten.

„Oléoléolé …" Bei den beiden angekommen, fragt Heiko: „Der Kapitän hat gerufen. Da sind wir. Pünktlich. Habt ihr etwa schon ohne uns angefangen?"

Niklas schaut sich zufrieden um. Jetzt sind sie vollzählig. Alle sind gekommen, eine halbe Stunde früher. Bis auf Freddy. Aber auf den warten sie jetzt bestimmt nicht.

In der Garderobe holt Niklas seine Zeichnung aus der Tasche und erklärt den Jungs die Idee. Gespannt schaut er in die Runde und fragt: „Was meint ihr dazu?"

„Sechs Punkte! Das gibt bestimmt sechs Punkte!", ist sich Stefan sicher.

„Und wie überzeugen wir den Eismann und den Pizzamann?", fragt Heiko.

„Habt ihr schon darüber nachgedacht, wie wir uns mit den Jungs unterhalten werden?", will Rudi wissen. „Also, ich kann sechs Worte: „Si, no, signore, grazie, buongiorno, buonanotte. Und ihr?"

Niklas staunt über Rudis Italienischkenntnisse, gräbt in seinem Gedächtnis und kann drei weitere Worte beisteuern: „La festa, bravo, il gol."

„Il gol?", fragt Rudi. „Was ist das denn?"

Heiko lacht. „Das, was du nie triffst: das Tor!"

Die anderen lachen mit, denn alle wissen, dass es nicht stimmt. Rudi ist ihr Torschützenkönig.

Als der Trainer um die Ecke kommt, hört er gerade noch Rudis Frage, wie sie sich mit den Italienern verständigen sollen. „Wo ist das Problem?", fragt er. „Das letzte Mal hat es doch auch ganz gut geklappt. Und für den Notfall haben wir immer noch unsere Hände und Füße."

„Meine Füße brauche ich, um den Italienern den Kasten vollzuhauen", grinst Rudi.

„Ciao, ragazzi!", ruft Freddy, der gerade eintrudelt. Er hat seine Haare streng nach hinten gegelt, trägt eine schwarze Sonnenbrille, eine dunkle Anzugjacke und dazu sogar eine Krawatte über seinem T-Shirt. Nur zu einer Anzughose hat es offenbar nicht mehr gereicht, denn er trägt seine übliche Jeans.

Die Jungs empfangen ihn mit großem Gejohle.

„Wie siehst du denn aus?"

„Perchè? Wieso?!", antwortet Freddy und macht ausufernde Gesten, wie er es wohl mal in einem schlechten Mafiafilm gesehen hat, aber dann wechselt er nahtlos ins Deutsche. „Meine Mutter hat so lange nach der schwarzen Krawatte gesucht. Die trägt mein Vater nur bei Beerdigungen."

„Und was soll die Verkleidung?", fragt Tobias.

Freddy rückt seine Sonnenbrille auf der Nase ein Stückchen weiter nach vorn, sodass er soeben drüberschielen kann. „Du kannst ja gern Eis verkaufen oder Pizza backen, mein Lieber ...", sagt er.

„Und was machst du?", unterbricht Tobias ihn.

„Ich werde ein ernstes Gespräch mit dem italienischen Trainer führen, ob er mich nicht bei Inter Mailand unterbringen kann."

Mehr ist in dem Gejohle der Jungs nicht mehr zu verstehen. „Freddy bei Inter Mailand!", juchzen sie. „Alles klar!"

„Natürlich!", kichert Stefan. „Weil er perfekt am Ball ist: einfetten, aufpumpen ...!"

„Ihr werdet schon sehen!", sagt Freddy, schiebt die Sonnenbrille wieder nach oben und geht in die Umkleidekabine.

„Pass auf, dass du mit deiner dunklen Brille nicht gegen den Türrahmen rennst", lacht der Trainer.

Doch in der Garderobe wird er schnell wieder ernst und setzt sich auf eine der Bänke. „Jungs, so langsam wird es Zeit!", sagt er. „Die Vorbereitungen für das Fest laufen auf Hochtouren und ihr wisst, die Mädchen führen mit 3 : 0."

„Sì, sì, signore, sì, sì", antwortet Heiko.

„Ich weiß nicht, was die Mädchen sonst noch planen, aber schon der aktuelle Punktestand ist nicht so einfach aufzuholen. Wenn ich euch also irgendwie helfen kann, dann fragt mich, ja?"

Auch die Mienen der Jungs verfinstern sich. Der Trainer

hat Recht. Natürlich werden sich die Mädchen nicht auf ihren drei Punkten ausruhen. Mädchen doch nicht! Bestimmt schmieden sie schon neue Pläne und warten kurz vor Schluss noch mit einer extrafiesen Überraschung auf. Die ihnen noch mehr Punkte einbringt und mit der sie dann den Wettbewerb gegen die Jungs gewinnen.

„Aber wir haben doch Tobias' Schwester!", fällt Heiko ein.

„Was hat meine Schwester damit zu tun?", fragt Tobias verwundert.

„Sie kann bei Wanda rauskriegen, ob die Mädchen noch mehr vorbereiten", schlägt Heiko vor.

„Sie ist doch mit Wanda befreundet! Einen besseren Spion kann man sich gar nicht wünschen."

„Ein Spion? Meine Schwester?", ruft Tobias entsetzt. „Über die kriegen wir nie etwas raus. Wie soll ich das denn wohl machen?"

„Versuch es doch wenigstens", bettelt Niklas.

„Wie denn?", fragt Tobias verzweifelt.

Niklas beruhigt ihn. „Das besprechen wir später. Da fällt uns schon was ein."

Wichtiger ist erst einmal der italienische Abend.

„Jetzt, wo wir uns einig sind über den italienischen Abend, werde ich Marco fragen, ob er und seine Jungs uns helfen können."

„Si!", rufen die Jungs. „Benissimo!"

„Italienischer Abend?", schnappt der Trainer auf. „Was ist das denn?"

„Nichts, nichts!", wiegelt Niklas schnell ab. Jetzt hätte er sich beinahe verraten. „Das soll eine Überraschung werden!"

„Wie das Lehrerkopf-Eimerschießen?", zweifelt der Trainer.

Doch Niklas verspricht: „Nein, bestimmt nicht. Sie brauchen sich keine Sorgen zu machen."

„Gut", stimmt der Trainer zu. Und kommt zum nächsten Thema: „Dann geht es noch um die Ankunft der Jungs von Juventus Bologna. Wir werden sie mittags gemeinsam am Flughafen abholen, einverstanden?"

„Sì, sì, signore!", rufen die Jungs jetzt wieder im Chor.

„Von dort aus geht ihr erst mal in die einzelnen Gastfamilien. Am Nachmittag kommt ihr zusammen zum Abschlusstraining, bevor es am nächsten Tag mit dem Feiern losgeht."

„Nehmen Sie sich an diesem Abend besser nichts vor, Trainer. Könnte sein, dass es noch was zu erledigen gibt", bittet Niklas.

„Nach unserem Training noch?"

Niklas nickt. „Aber mehr verraten wir nicht. Sie nehmen sich nichts vor, einverstanden?"

„Einverstanden!" Der Trainer schlägt in Niklas' Hand ein. „Jetzt aber los, ab aufs Spielfeld. Heute trainieren wir Standardsituationen. Eckbälle, Freistöße und Elfmeter."

„Und Eimer flanken", grinst Heiko.

Sie beginnen wie immer mit Fußkreisen, Armkreisen, Aufwärmübungen und zwei langsamen Laufrunden um den Platz, ehe sie endlich mit dem Freistoß-Training loslegen.

Niklas ist als Erster dran. Er legt sich den Ball zurecht. Vor ihm haben sich Rudi, Stefan und Demir in der Mauer aufgebaut.

„Weiter nach links, noch einen Meter. Dichter zusammen!", brüllt Heiko aus dem Tor. „Und dichter an den Ball!"

„Nix da! Die Entfernung stimmt", korrigiert ihn der Trainer. „Los! Bewegt euch noch weiter nach links!"

„Und nicht die Köpfe einziehen, ihr Weicheier", fordert Heiko noch.

Rudi, der nur im Training mit in die Mauer muss, als Sturmspitze im Spiel davon aber meistens verschont bleibt, dreht sich zu Heiko um. „Ich lass mir doch hier nicht die Birne abballern!"

„Wenn du nicht richtig mitmachst, brauchst du gar nicht erst zu trainieren", meckert ihn der Trainer an.

„Ich bin doch kein Lehrerkopf auf einem Salateimer!", beschwert sich Rudi. „Wenn der auf meine Birne zielt, ziehe ich weg."

„Tickst du nicht mehr richtig?", empört sich Heiko. „Wie soll ich den denn halten, wenn du im letzten Moment den Kopf einziehst?"

„Halt, stopp mal!", geht der Trainer dazwischen. „Wenn du wegziehst und der Ball trifft dich dann am Kopf, ist es viel gefährlicher", erklärt er Rudi. „Wenn du dich aber anspannst, konzentrierst und dem Ball mit der Stirn Widerstand leistest, sind dein Körper und dein Kopf darauf eingestellt. Dann passiert dir nichts."

„Ach ja?", fragt Rudi ungläubig.

„Ja!", versichert der Trainer.

„Deshalb beim ersten Freistoß den Ball voll auf die Birne eines Verteidigers zielen", rät Freddy. „Beim zweiten Mal zieht der garantiert weg."

„Das machen wir nicht", weist ihn der Trainer zurecht.

„Bei Inter Mailand machen die das!", ist Freddy sich sicher.

Der Trainer schüttelt nur stumm den Kopf und gibt den Freistoß für Niklas frei.

Niklas fixiert den Ball. In seiner Fantasie steht er mitten im Mitternachtsspiel. Er sieht den Ablauf vor sich. Er wird den Ball kunstvoll über die italienische Mauer hinwegzirkeln und Filippo wird staunen, wie schwer es ist, an den noch ranzukommen. Filippo wird den Ball erst spät erkennen und darum nicht mehr darauf reagieren können. Und in Niklas' Fantasie funktioniert das auch: Der gezielte Schuss mit seinem starken linken Fuß, über die Mauer rüber, direkt ins Tor.

Unerreichbar für Filippo! Der schüttelt den Kopf und schimpft auf den Mitspieler, der den Freistoß erst durch sein Foul möglich gemacht hat.

Der Trainer holt Niklas aus seinen Träumereien und fragt: „Brauchst du eine schriftliche Einladung oder schießt du heute noch?"

Niklas konzentriert sich wieder auf den ruhenden Ball. Dann hebt er den Kopf und sieht auf sein Ziel: das linke obere Eck.

Niklas läuft an und schießt den Ball mit dem Innenrist, wobei er den Körper leicht in Rücklage hält, damit der Ball hoch genug geht. Es ist nicht schwer, den Ball hoch genug zu schießen. Schwer ist, dass der Ball scharf genug kommt und sich rechtzeitig vor dem Tor auch wieder absenkt. Deshalb muss er den Ball richtig treffen und ihm im letzten Moment den richtigen Drall mitgeben.

Der Ball zischt drehend ab.

Die Jungs in der Mauer steigen auf, sogar Rudi. Dabei kneift er die Augen zu, zieht die Schultern hoch und den Kopf doch ein bisschen ein. Ganz automatisch. Da kann er gar nichts gegen machen. Aber es reicht, damit der Ball über Rudis Kopf hinwegsaust.

Jetzt erst kann Heiko den Ball sehen. Aus seiner Torwartecke sprintet er mit zwei, drei großen Schritten hinüber auf die linke Seite, hebt ab, segelt, so weit er kann, auf die linke Ecke zu. Zu spät. Er kann dem Ball nur noch hinterhersehen, der über seinem ausgestreckten rechten Arm ins linke obere

Eck saust. Der Trainer und alle Spieler, die nicht in der Mauer standen, klatschen Beifall. Sogar Freddy.

„Yeah!", freut sich Niklas. So wird er auch im Mitternachtsspiel schießen, nimmt sich Niklas fest vor.

Nur Heiko ist sauer.

Wütend fährt er Rudi an: „Du hast deinen Eierkopp doch eingezogen, du Angsthase!"

„Ich kann dir ja mal einen aufs Gesicht ballern, wenn du deine Hände nicht benutzen darfst!", wehrt sich Rudi.

Alle wissen, Rudi hat von allen den stärksten Schuss. Heiko verstummt und holt den Ball, der hinter dem Tor gegen den Zaun geflogen ist.

98 Mehr als zwanzig Mal mussten die Jungs in der Mauer sich die Bälle um die Ohren schießen lassen. Einige haben sie abgeblockt, einige hat Heiko gehalten. Insgesamt gab es fünf Freistoß-Tore. Keine schlechte Quote.

Das Gleiche bei den Übungen für die Eckbälle: Niklas spielt seine Mitspieler mit einem weiten Schlag so gut an, dass sie den Ball leicht und gezielt ins Tor befördern können. Ohne eine echte Chance für Heiko.

Niklas spürt: Alle strengen sich noch mehr an, konzentrieren sich noch stärker, gehen noch direkter aufeinander zu, unterstützen sich gegenseitig noch häufiger. Das Training ist eine gemeinsame Sache. Dass das Spiel gegen die Jungs aus Bologna so bald ansteht, bringt die Jungs in Bewegung. Vom großen Zeh bis hoch in die Haarspitzen sind sie motiviert. Mit ihrem Training kämpfen sie für ein gutes Spiel. Ein Spiel, das sie allerdings nur bestreiten werden, wenn sie noch genügend Fleiß- und Ideenpunkte ergattern!

„Jetzt ist das Elfmetertraining an der Reihe!", ruft der Trainer. „Stefan, du fängst an!"

Das Elfmetertraining liebt Niklas besonders.

„Warm halten und zuschauen!", ruft der Trainer den Jungs zu. „Beim Zuschauen lernt ihr von den anderen."

Den ersten Elfer versemmelt Stefan, indem er den Ball neben das Tor schießt.

Freddy kichert laut los. „Wie blind ist der denn?"

Der Trainer fährt ihn böse an: „Was ist denn mit dir los? Seit wann freuen wir uns, wenn jemand anderem etwas misslingt? Dafür wirst du bei Inter Mailand für mindestens vier Wochen vom Kader ausgeschlossen!"

Freddy wird ganz bleich.

„Konzentriert euch!", fordert der Trainer.

Er beobachtet jeden Schuss genau. Auch die Jungs sind nun voll bei der Sache und hüpfen zum Warmbleiben auf der Stelle, bis sie dran sind. Jetzt ist Niklas an der Reihe.

„Und stellt euch vor, ihr seid mitten in einem Spiel", ruft der Trainer ihm zu.

Das braucht ihm der Trainer nicht zu sagen, nicht ihm! Bei jedem Schuss stellt Niklas sich vor, wie alle Augen nur auf ihn gerichtet sind und nur darauf warten, zu sehen, wie er gleich schießt. Die einen sehnen sich das verdiente Tor mit Herzklopfen und geballten Fäusten herbei und können es kaum erwarten, den Jubelschrei rauszubrüllen. Die anderen aber fiebern mit dem Torwart und hoffen, dass der den Ball hält. Sie geben ihm einen Tipp für die richtige Ecke.

Und der Torwart fixiert ihn, den Schützen, und versucht, jede noch so kleine Bewegung an ihm wahrzunehmen, um darin abzulesen, in welche Ecke er schießen wird.

Niklas schaut Heiko gerade in die Augen.

Darauf kommt es an, denkt er. Er weiß, jeder Schütze schaut unwillkürlich mindestens einmal zu der Stelle, zu der er schießen will. Einfach, um das Ziel ins Visier zu nehmen. Niklas versucht, das zu vermeiden. Dafür ist das Training da. Um genau das zu üben und blind die gewählte Ecke zu treffen. Niklas weiß um die unterschiedlichen Tricks der Schützen. Die einen schauen immer wieder in die eine Ecke, um in die andere zu schießen. Andere schauen ganz bewusst immer auf die eine Ecke, und in die schießen sie dann auch. Die dritten schießen grundsätzlich in die Mitte des Tores, in der Annahme, dass der Torwart sich in aller Regel in die eine oder andere Ecke von der Mitte wegbewegen wird. Aber es gibt auch Torhüter, die bleiben nervenstark bis zur letzten Millisekunde in der Mitte stehen.

Heiko ist ein guter Torwart. Auch er hat so seine Tricks. Heiko hüpft breitbeinig und mit weit ausgestreckten Armen im Tor auf und ab und hin und her und signalisiert somit dem Schützen: *Sieh her, ich komme überall hin.*

Obwohl das natürlich nicht stimmt, funktioniert der Trick. Das Tor wirkt für den Schützen mit einem Mal unsagbar klein. Als hätte der Platzwart das Tor eigens für diesen Elfmeter schnell gegen ein Handball-, oder noch schlimmer: gegen ein Eishockeytor ausgetauscht.

Niklas hat seine eigene Methode. Wie beim Eimerschießen geübt, wird er ein Zielschießen veranstalten. Eigentlich ist es egal, ob Heiko die Ecke errät oder nicht. Wenn er mit einem scharfen Flachschuss die Innenseite des rechten Pfostens trifft, kann Heiko den Ball nicht erreichen. Die Schwierigkeit liegt nur darin, den Pfosten auch zu treffen, und zwar möglichst, ohne vorher dorthin zu schauen.

Niklas hat sich entschieden. Sein Plan im Kopf steht. Er nimmt nur einen kleinen Anlauf, landet punktgenau mit seinem rechten Bein als Standbein neben dem Ball, holt mit seinem linken Bein aus, legt seinen Körper weit vorn über

den Ball, damit er flach bleibt, erwischt ihn perfekt mit der Innenseite seines Fußes und legt alle Kraft in den Schuss!

Heiko hechtet in die richtige Ecke, rechts, macht sich lang und noch länger. Der Ball trifft zwar nicht den Innenpfosten, landet aber weit genug rechts, dass Heiko ihn nicht mehr erreichen kann. Drin! Tor!

Niklas ist sicher: Die Italiener können kommen.

Jetzt müssen sie nur noch die Mädchen schlagen.

DIE ANTWORT

Zu Hause angekommen, macht Niklas sich gleich daran, endlich den Antwortbrief an Marco zu schreiben. Auf dem weißen Blatt steht immer noch nur:

Lieber Marco!

Daneben malt er den Kopf eines dunkelhaarigen Jungen, der das Trikot von Juventus Bologna und eine Kapitänsbinde trägt. Dann schreibt er weiter:

Wir freuen uns schon sehr auf Euch!
Wir werden am Flughafen sein.
Unser Fest hat eine große Überraschung und ...

Plötzlich fällt Niklas siedend heiß ein, dass es nicht mehr lange hin ist bis zum Fest. Und er hat keine Ahnung, wie lange ein Brief von Deutschland nach Italien braucht!

„Abendessen!", ruft seine Mutter.

Niklas wirft seinen Stift auf den halb fertigen Brief. Immer, wenn er mit etwas Wichtigem beschäftigt ist, ruft seine Mutter. Vermutlich besitzt sie irgendwo in ihrem Kopf Antennen, die ihr ein Signal geben, wenn Niklas keine Zeit hat. Und dann ruft sie sofort. So wie jetzt: „Niklas!"

„Ja!", antwortet Niklas.

Immerhin gibt es Spaghetti mit Tomatensoße und einer

großen Käsehaube. Dafür kann sogar ein wichtiger Brief liegen bleiben.

Niklas setzt sich an den Tisch. „Mama, wie lange braucht ein Brief von Deutschland nach Italien?", fragt er.

Seine Mutter füllt die Spaghetti auf den Teller und zuckt mit den Schultern.

„Keine Ahnung."

„Etwa fünf Sekunden", behauptet Niklas' Vater, der gerade im Kühlschrank kramt. „Wer will was trinken?", fragt er.

Niklas bestellt sich einen Apfelsaft. Seine Mutter möchte Rotwein zu den Spaghetti, wie in Italien.

„Fünf Sekunden?", fragt Niklas verdutzt.

Sein Vater grinst ihn an. „Per E-Mail!", sagt er. „Das geht fix und ..."

„Plopp!", macht der Korken, als sein Vater ihn aus der Weinflasche zieht.

„Fix und plopp!", ruft Niklas begeistert. Per E-Mail! Natürlich! Dass er daran nicht gedacht hat!

„Willst du Marco schreiben?", errät sein Vater.

Niklas nickt. Aber dann fällt ihm ein, dass er keine E-Mail-Adresse von Marco hat.

Aber auch da weiß sein Vater weiter. Juventus Bologna wird eine Webseite haben, erklärt er. Und dann kann Niklas an den Verein schreiben mit der Bitte, die Nachricht an Marco weiterzuleiten. Die Hausadresse weiß Niklas ja.

Niklas springt vor Freude auf und hätte um ein Haar die Rotweingläser umgeworfen.

Seine Mutter quietscht erschrocken und Niklas fängt die Gläser auf. Ein Fußballer hat gute Reflexe!

„Ganz ruhig!", sagt sein Vater. „Wir können die Mail gleich zusammen abschicken."

Doch noch ist Niklas nicht so weit. Zuvor muss er noch etwas Wichtiges besorgen.

Das macht er gleich am nächsten Tag direkt nach der Schule zusammen mit Tobias. Er geht mit ihm zur Pizzeria in der Nähe des Vereinsheims. Es ist Mittagszeit. Schon von draußen hört man, wie voll es drinnen ist.

„Das hilft nichts, da müssen wir jetzt rein!", beschließt Niklas, der das Zögern von Tobias bemerkt.

Niklas geht gleich direkt zur Theke. „Ciao, Kinder, was wollt ihr denn hier?", fragt der Mann hinter dem Tresen.

„Ich hätte gern Ihre Telefonnummer", bittet Niklas.

„Sì, sì", sagt der Mann, nimmt drei Teller mit Spaghetti aus der Durchreiche zur Küche, legt sich einen vierten auf den Arm und eilt an Niklas vorbei.

„Äh", sagt Niklas und hebt leicht den Finger wie in der Schule, wenn er sich meldet. „Entschuldigung? Haben Sie mich verstanden?"

„Sì, sì", sagt der Mann. Ihm entgegen kommt ein anderer Mann, ebenfalls mit weißem Hemd und schwarzer Hose, der ebenfalls vier Teller trägt, aber leer gegessene.

„Mario! Ti prego! Dai ai ragazzi il nostro biglietto da visita!"

Niklas hat leider kein Wort verstanden. Und er weiß nicht, ob er jetzt auf den ersten Mann warten oder dem zweiten folgen soll.

Sein Magen beginnt zu knurren. Zu Hause sind am Vorabend Spaghetti übrig geblieben, die heute Mittag auf ihn warten. Aber erst mal muss er hier warten und

zuschauen, wie lecker duftende Pasta an ihm vorbeigetragen wird.

Auch Tobias schaut jeder dampfenden Pizza sehnsüchtig hinterher.

In dem Lokal haben sich lauter Leute aus den umliegenden Büros versammelt, die hier ihre Mittagspause verbringen. Die meisten tragen Anzug oder Rock. Niklas entdeckt keinen einzigen freien Stuhl. Der Kellner hat seine leeren Teller in die Küche gebracht und kramt nun in einer Schublade unter der Kasse.

Wonach sucht er denn so lange?, fragt sich Niklas. Sie wollen doch nur die Telefonnummer. Der Kellner hat nun offenbar gefunden, was er gesucht hat. „Hier, unsere Visitenkarte!", brüllt er gegen den allgemeinen Lärm an und übergibt ihm eine kleine Karte.

Niklas schaut sich den bunten Karton genauer an: ein wunderschön gedeckter Tisch, mit einem Teller, auf dem Rosen liegen; daneben Messer und Gabel.

„Gibt es hier auch Rosen zu essen?", fragt Niklas Tobias.

Der zuckt ratlos mit den Schultern. Das kann er sich nicht vorstellen. Trotzdem zeigt das Bild einen Teller mit Rosen.

Niklas dreht die Karte um und erkennt erst jetzt, dass auf der anderen Seite „Pizzeria Bella Rosa" steht.

„Das ist der Name der Pizzeria!", begreift Niklas.

„Bellende Rose?", wundert sich Tobias.

Niklas lacht, weil er weiß, dass *bella* schön heißt. Und als ob einer der Kellner ihm das bestätigen wollte, ruft er einer

Bürofrau, die gerade die Pizzeria verlässt, hinterher: „Ciao, bella!"

Tobias schaut ihr verwundert nach.

„Bellende Bürofrau", feixt Niklas.

Unter dem Namen der Pizzeria stehen auf der Karte noch die Adresse und zwei Telefonnummern, die Webadresse, die E-Mail-Adresse und ganz unten die Öffnungszeiten.

Draußen drängelt Tobias wieder: „Beeilung, wir sind schon spät dran!"

Aber auch Niklas will möglichst schnell zu seinen Spaghetti. Also legen sie auf dem Weg zum Eiscafé einen kleinen Sprint ein.

Dort ist es erheblich ruhiger und diesmal fragt Tobias: „Dürfen wir Ihre Visitenkarte haben?"

Die Frau hinter dem durchsichtigen Tresen schüttelt den Kopf. „Haben wir nicht, nimm die hier", sagt sie und streckt ihm eine gefaltete Papierserviette entgegen. „Da steht auch alles drauf, was du wissen willst." Und schon ist sie wieder mit dem Kopf in der Theke verschwunden. Dort schöpft sie aus vielen großen Behältern mit einem kugeligen Eislöffel riesige Eiskugeln in bunte Becher aus Glas.

Niklas und Tobias schauen sich die Serviette an. Sie lesen:

Wir lernen Italienisch:

Sì	*Ja*
No	*Nein*
Buongiorno	*Guten Morgen (auch: Guten Tag!)*
Ho fame	*Ich habe Hunger*
Ho sete	*Ich habe Durst*
Buonanotte	*Gute Nacht!*
Ciao!	*Hallo*
Come va?	*Wie geht's?*
Grazie!	*Danke!*
Scusa!	*Entschuldige!*
Va bene!	*In Ordnung!*
Buon appetito!	*Guten Appetit!*
Gelato	*Eis*
Mi piace	*Das gefällt mir!*
Ottimo	*Sehr gut*
Per favore	*Bitte*
Arrivederci!	*Auf Wiedersehen!*

Aber keine Telefonnummer! Auf der Rückseite ist ein Stiefel zu sehen, mit zackigen Umrissen. Da hatte jemand Schüttelfrost beim Malen!, denkt Niklas. Sie wollten doch einfach nur wissen, wie die Telefonnummer lautet.

„Da! Da ist sie doch!" Tobias hat sie entdeckt und zeigt mit seinem Finger auf die Stelle direkt unter dem Stiefelabsatz. Die Telefonnummer! Endlich!

„Danke!", sagt Tobias zu der Frau, zupft Niklas am Jackenärmel und zieht ihn Richtung Ausgang.

„Los, nach Hause jetzt! Höchste Zeit! Mein Essen steht bestimmt schon auf dem Tisch", sagt er.

„Meines auch!", hofft Niklas.

Beide laufen schnell nach Hause. Jetzt hat Niklas seine Telefonnummern. Jetzt kann er endlich seine E-Mail an Marco abschicken.

DIE ANKUNFT

Niklas hat sich für Grün entschieden, nur Grün. Seine kurze Hose, sein Trikot und: Raufuß. Mit Blick auf Tobias' Schuhe fragt er: „Tauschen wir ausnahmsweise?"

Tobias schaut Niklas an und versteht sofort. Der einzige Fleck an Niklas, der nicht grün ist, ist sein rechter, roter Fußballschuh. Normalerweise spielen Niklas und Tobias mit vertauschten Schuhen. Ein Fuß rot, der andere grün. Aber heute nicht.

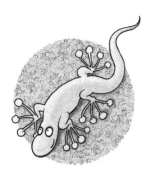

„Klaro!" Tobias ist einverstanden und zieht seinen rechten grünen Schuh aus.

Es ist zwar etwas lästig, mit Fußballschuhen über den glatten Boden der Flughafenhalle zu klackern. Aber die Mannschaft war sich schnell einig, dass sie die Jungs von Juventus Bologna nur im kompletten Fußballdress abholen können. Und zwar nicht in ihren Vereins-, sondern in den italienischen Landesfarben.

Tobias hat alle drei Farben gewählt: grüne Hose, weißes T-Shirt, weil er kein weißes Fußballtrikot besitzt, und rote Stutzen, die er sich bei einem aus der Klasse ausgeliehen hat. Und nun auch zwei rote Schuhe.

Freddy mit seinen schneeweißen Klamotten passt farblich perfekt zum Rest der Mannschaft.

Obwohl Stefan sich die Bemerkung nicht verkneifen konnte: „Weiß ist Real Madrid. Das ist Spanien und nicht Italien!"

„Weiß ist Weiß", hat Freddy angesäuert zurückgegeben.

„Weiß ich", hat Stefan gegrinst.

Rundherum nur rot-weiß-grüne Kleidung! Ein tolles Empfangskomitee, findet Niklas. Zusammen mit vielen anderen starren sie im Wartebereich der Flughafen-Ankunftshalle gespannt auf die Monitore. Dort steht neben dem Wort Bologna ein Zeichen, auf dem ein Flugzeug mit der Spitze nach unten dargestellt ist. Spitze nach unten bedeutet: Landung, Spitze nach oben bedeutet: Start. So viel weiß Niklas schon.

„Jetzt blinkt das Zeichen rot! Sie sind gelandet! Sie sind gelandet!", brüllt Stefan aufgeregt.

„Jetzt müssen die Jungs nur noch auf ihr Gepäck warten und dann tauchen sie hier gleich in der Schiebetür auf. Also, wenn ihr sie entdeckt, dann auf mein Kommando hören, ja?", ruft der Trainer.

„Sì, sì, signore, sì, sì," antworten die Jungs.

„Hilf mir mal, Niklas. Kannst du die Stange hier festhalten?", bittet der Trainer.

Klar kann Niklas das. Der Trainer hält die andere Stange und rollt ein Transparent aus. In großen roten Buchstaben steht dort:

Der FC Berne begrüßt die Jungs
von Juventus Bologna!

„Aber ich muss sie doch gleich loslassen, wenn Marco kommt?", gibt Niklas zu bedenken.

„Du hast Recht. Tobias und Rudi, übernehmt ihr mal? Dann können wir der Mannschaft gleich entgegengehen."

Tobias und Rudi nehmen den beiden die Stangen ab. Alle starren gebannt auf die automatische Schiebetür. Einzelne Männer mit Aktentaschen kommen als Erste durch die Tür. Dann folgen Familien und Paare. Aber da sie Mallorca-T-Shirts und Strohhüte tragen, kommen sie vermutlich nicht aus Bologna.

Tobias stupst Niklas an. „Das sind sie, oder?"

Mehrere Jungs mit riesigen Koffern auf Rollen und gigantischen Sporttaschen auf den Schultern treten durch die Tür, angeführt von einem Mann, der sie Richtung Ausgang lotst. Der Trainer schreit: „Uno, due, tre!" Das ist das Kommando. Die Jungs brüllen, so laut sie können: „Olééé, oléoléolé!!!!!!!!"

Sie hüpfen im Rhythmus ihres Gesanges und winken.

„Olééé, oléoléolé!!!!!!!!!!!!!"

Tobias und Rudi halten das Transparent hoch.

Wie besprochen geht Niklas ihnen entgegen und auch Marco kommt direkt auf Niklas zu.

„Alles perfetto?", fragt ihn Marco sofort.

„Ja! Alles perfekt! Hast du meine E-Mail bekommen?", fragt Niklas.

„Sì", antwortet Marco. Er legt den Finger auf seine Lippen und ergänzt: „Und ich habe schweigen wie Grab!"

„Perfetto", sagt Niklas und zwinkert ihm zu.

Auch die beiden Trainer begrüßen sich herzlich.

„Jetzt will ich mal sehen, wie er mit Händen und Füßen spricht", flüstert Rudi seinem Nachbarn zu.

Tatsächlich! Rudi versteht im Durcheinander der Begrüßungen rundherum kein Wort, aber er kann an den Gesten und den Mienen der Trainer genau erkennen, worum es geht.

Der Trainer fragt Marcos Trainer, ob der Flug gut war. Mit seiner flachen Hand macht er Wellenbewegungen in der Luft. Der andere Trainer hebt den Daumen. Ja, alles hat geklappt. Der Trainer winkt den Platzwart zu sich. Der wird mit dem Kleinbus des Vereins die Kinder zu den Familien bringen.

Plötzlich hört Niklas den Trainer seinen Namen rufen.

„Niklas und Marco! Herr Winde bringt euch nach Hause."

Niklas hat sein Zimmer schon für Marco vorbereitet und mit der Gästematratze ein echtes Kapitänsbett eingerichtet. Dafür hat er ihm sogar seine schönste Bettwäsche überlassen. Grün! Mit vielen Fußbällen drauf.

Der Trainer liest weiter von seinem Blatt: „Filippo und Heiko! Ihr fahrt bei mir mit!"

Das passt gut, denkt Niklas. Die beiden Torhüter haben sich bestimmt auch viel zu erzählen.

Der Trainer liest immer weiter Namen vor, bis er mit „Antonio und Freddy" die letzte Paarung aufgerufen hat. Dann wendet er sich an alle und sagt: „Wir freuen uns sehr, dass ihr bei uns seid. Zuerst geht ihr in die Familien und dann sehen wir uns heute Nachmittag beim gemeinsamen Training."

Tobias schaut auf Niklas' Füße. „Meinen Rechten brauche ich aber wieder, einverstanden?"

Niklas nickt und antwortet: „Im Training dann, ja?", und folgt Herrn Winde mit Marco im Schlepptau.

Zu Hause begrüßt sie seine Mutter mit: „Benvenuto! Tutto bene?"

Seit wann spricht seine Mutter Italienisch?, wundert sich Niklas.

„Sì, va tutto bene, gute Morgen!", antwortet Marco.

Morgen? Niklas und seine Mutter schmunzeln. Na ja, es ist zwar schon Mittag, aber trotzdem: Begrüßung ist Begrüßung.

„Hunger?", fragt Niklas' Mutter. „Manschare? Ham, ham?"

„Hamham?", fragt Marco.

„Sie meint essen", übersetzt Niklas.

„Oh", versteht Marco. „Mangiare. Sì. Ihr sagt hamham?"

„Nein!", stellt Niklas klar. Er weiß auch nicht, wieso seine Mutter plötzlich kein Deutsch mehr kann. Ebenso wenig versteht er, weshalb seine Mutter Schuhe mit besonders hohem Absatz trägt, in die sie sich sonst nur zu Silvester und Weihnachten zwängt.

„Essen deutsch? Tipico?", fragt Marco.

„Öh", stottert Niklas' Mutter. „Na ja, eigentlich gibt es Spaghetti Bolognese. Na, dann geht erst mal auf euer Zimmer."

„Favoloso-eccellente-perfetto-grande-formidabile-perfetto!", sagt Marco in einem Atemzug.

Niklas staunt, wie lange es dauert, bis Marco mit dem Wort fertig ist. Marco steht auf der Schwelle zu Niklas' Zimmer und schaut in jede Ecke. Niklas versteht nicht, worüber Marco so begeistert ist. Groß ist es doch nun wirklich nicht, eher klein und, wie Niklas findet, auch ein bisschen dunkel. Was entlockt Marco diesen Begeisterungsausruf, der so lang ist, dass Niklas ihn niemals wiederholen könnte?

Klar! Als Marco wie gebannt auf die Scheinwerfermalerei an der Decke schaut, fällt es ihm ein! Seine gemalten Fußballtore an den Wänden, die bunte Tribüne bei der Tür und die gelbe Flutlichtanlage an der Zimmerdecke! Was für Niklas inzwischen ganz normal ist, ist für Marco ganz besonders. So, wie es auch Niklas die ersten Tage nach der Renovierung mit seinem Opa empfand. Er wünscht sich auch kein anderes Zimmer als genau dieses kleine, etwas dunkle Fußballstadionzimmer!

„Das ist Zimmer perfetto! Hier schlafen du?"

„Hier schlafen wir!", erklärt Niklas und zeigt auf die Matratze auf dem Boden. „Darf ich vorstellen? Dein Kapitänsbett!"

„Per dormire? Zu schlafen? Il mio letto?", fragt Marco nach.

Niklas nickt. „Ja! Dein Bett!"

„Bett è letto?"

„Ja!", antwortet Niklas und vergewissert sich: „Letto è Bett! Zum Schlafen."

„Per dormire", übersetzt Marco und grinst.

DAS TRAINING

„Geschafft!", freut sich Niklas. Sie kommen doch noch pünktlich zum Trainingsbeginn am Vereinshaus an. Normalerweise ist Niklas etwas früher als pünktlich da. Aber mit Marco? Unmöglich! Wie soll man vorwärtskommen, wenn man sich mit Händen und Füßen unterhält? Und so ist es eine echte Leistung, dass sie trotzdem auf die Minute pünktlich eintreffen. Die anderen sind auch schon alle da.

Der Trainer steigt gemeinsam mit Marcos Trainer aus dem Auto, kommt auf die Jungs zu und sagt: „Buongiorno. Wir haben uns etwas Schönes für euch ausgedacht. Zieht euch um, wir warten auf dem Platz." Mit Blick auf die italienischen Jungs sagt er noch: „Und denkt dran, wie immer! Uhren und Schmuck ablegen, damit ihr euch nicht verletzt!"

Diese Regel brauchte er ihnen nicht mehr zu sagen. Alle halten sich daran. In diesen Dingen ist der Trainer wirklich streng. Er macht da auch keine Ausnahmen. Mit Armband, Kette oder Uhr kommt ihm niemand auf den Platz.

In der Garderobe ist das Durcheinander noch größer als sonst. Genauer gesagt: Das Chaos ist mindestens doppelt so groß. Doppelt so viele Jungs, Taschen und Jacken müssen untergebracht werden. Und nicht nur die Stimmen vermischen sich, sondern auch die Sprachen.

Niklas hat seinen rechten Schuh wieder mit Tobias getauscht und schlüpft gerade hinein, als Marco vor ihm auftaucht. Niklas ist baff. Diesmal ist Marco schneller als Niklas. Er ist sogar als Erster von allen mit dem Umziehen fertig und beobachtet amüsiert, wie Niklas seine Schuhe schnürt. Links den grünen. Rechts den roten. Obwohl ihm diese Besonderheit an Niklas' Füßen schon beim ersten Spiel im Sommer aufgefallen ist, schüttelt sich Marco vor Lachen. Dabei bemerkt Niklas, dass Marco doch noch nicht ganz fertig ist. „Dein Kettchen! Das musst du noch ablegen!", sagt er zu Marco. Aber der guckt nur fragend.

Um sich besser verständlich zu machen, winkt Niklas mit dem einen Zeigefinger hin und her, zeigt mit dem anderen an seinen Hals, schüttelt den Kopf und wiederholt: „Kettchen! Nicht im Training."

Marco schüttelt jetzt auch den Kopf und sagt: „Impossibile!"

Niklas versteht nicht.

„Unmöglich! Geht nicht!", sagt Marco entschlossen.

„Geht nicht? Soll ich dir helfen? Ist was mit dem Verschluss?"

„Impossibile!" Marco schüttelt wieder den Kopf.

„Warum nicht?", fragt Niklas.

Marco hält beide Hände wie einen Trichter vor seinen Mund und flüstert in Niklas' Ohr. „Talismano. Für Fortuna!"

Ein Kettchen als Talisman!

Niklas versteht sehr gut, dass man den Glücksbringer nicht einfach aus der Hand gibt. Trotzdem: Der Trainer wird das nicht durchgehen lassen.

„Gut, dann nimm es doch ab und steck es einfach in deine Hosentasche", schlägt er vor.

Marco schüttelt immer noch heftig den Kopf. „No, no, impossibile!"

Er hat Recht, sieht Niklas ein. Viel zu leicht könnte sein Glücksbringer aus der Tasche fallen und verloren gehen.

Und dann hat er eine Idee.

„Komm mal mit", flüstert er Marco zu. „Ein Geheimnis!"

Marco folgt Niklas neugierig. Als sie an dem Mauervorsprung ankommen, zeigt Niklas Marco, was er noch niemandem gezeigt hat: Raufuß.

„Mein Glücksbringer!", sagt Niklas.

„Bel talismano", sagt Marco.

Und Niklas versteht. „Danke. Ich setze ihn immer hierhin", erzählt Niklas. Und wie immer legt er seinen Gummigecko nun auf den kleinen Mauervorsprung, seinen Stammplatz beim Training.

Dann schaut Niklas Marco an und wedelt wieder mit dem Zeigefinger am Hals.

Marco versteht, nickt, nimmt seine Kette ab und legt sie neben Raufuß.

„Zweimal fortuna", sagt Marco.

„Doppeltes Glück!", übersetzt Niklas.

Dann laufen sie beide auf den Platz, während der grüne Gummigecko ihnen hinterhersieht.

Auf dem Platz steht der Trainer und hält mehrere kleine weiße Zettel in der Hand, von denen er abliest.

„Il capitano ist: der Kapitän."

„Der Kapitän ist: il capitano", erwidert der italienische Trainer.

„Niklas ist unser …?", fragt der Trainer.

„Kapitän!", rufen die italienischen Jungs.

„Marco ist unser …?", fragt Marcos Trainer.

„Capitano!", rufen Niklas und die Jungs.

Italienisch ist ja wirklich leicht, denkt Niklas.

„Fest ist: festa!"

„Festa ist: Fest", antworten alle. Wirklich einfach!

„Wie rufen die Fans, wenn der Ball im Netz landet?", fragt der Trainer.

„Toooor!", rufen die Jungs vom FC Berne.

„Goooool!", rufen die Jungs von Juventus Bologna.

„Uno, due, tre ist eins, zwei, drei!", liest der Trainer vor.

„Eins, zwei, drei ist uno, due, tre", antwortet der Chor.

Der Trainer: „Die Mannschaft ist la squadra."

Und alle: „La squadra ist die Mannschaft!"

„Siegen ist vincere!"

„Vincere ist siegen!"

„Weltmeister ist …"

„ITALIA!", brüllen die Jungs aus Bologna.

Die Jungs vom FC Berne verstummen. Deutschland ist zwar auch Weltmeister. Aber nur bei den Frauen. Das brüllen sie lieber nicht.

Der Trainer schmunzelt. „Gut, das war jetzt vielleicht ein schlechtes Beispiel."

Dann baut sich Marcos Trainer vor den Jungs auf und beginnt mit seltsamen Verrenkungen: Er dreht sich nach rechts, beugt sich weit nach hinten und berührt mit der rechten Hand die linke Ferse. Sofort machen seine Jungs das genauso nach. Sie drehen sich und berühren ihre Ferse. Niklas hat Mühe, sein Gleichgewicht zu halten. Erst im letzten Moment kann er sich fangen. Fast wäre er flach auf dem Boden gelandet, ohne gegnerischen Kontakt, ohne fieses Foul und ohne rutschigen Matschboden. Und so ganz reicht seine rechte Hand nicht an die linke Ferse. Wieder aufrecht stehend,

schmunzelt Marcos Trainer und beginnt die Übung auf der anderen Seite. Mit der linken Hand zur rechten Ferse.

„Uff!" Geht auch nicht besser, stellt Niklas fest. Er sehnt sich nach ihren gewohnten Aufwärmübungen zurück. Niklas und seine Freunde keuchen und strengen sich wirklich an. Was die Jungs aus Bologna können, müssen sie doch auch können, wundern sie sich. Aber keinem gelingt das so leicht wie Marco und seinen Jungs. Niklas' Trainer steht nur dabei und schaut zu. Drückt der sich?

Dann gibt Marcos Trainer ein Zeichen und der Trainer von Niklas übernimmt die Anweisungen. Mit beiden Händen über dem Kopf, lässt er gleichzeitig die Arme in einer kreisenden Bewegung nach unten fallen. Den rechten Arm nach vorne, den linken nach hinten. Niklas' Arme wirbeln. Sein rechter Arm vorne rum, sein linker hinten rum. Und immer treffen sie unten und oben aufeinander. Niklas mag diese Wirbel-Übung. Marco und die Jungs vermutlich nicht. Sie verwechseln ständig die Richtung und verhaken sich in ihren eigenen Armen. Sie beginnen immer wieder von vorne.

Diesmal jammern Marco und seine Jungs. „Impossibile!", behauptet Marco. Sogar Marcos Trainer bekommt den Drehwurm und weiß irgendwann nicht mehr, wo oben und unten ist. Bis der Trainer wieder an ihn abgibt.

So geht es immer weiter. Was für Marcos Mannschaft eine leichte Übung ist, fällt den Jungs aus Niklas' Mannschaft schwer, und umgekehrt.

Dann geht es endlich richtig los. Der Trainer verteilt die

124 Leibchen. Endlich spielen! Niklas bekommt ein grünes. Tobias ein rotes. Beide stutzen.

„Moment, Trainer, Sie haben was verwechselt!", ruft ihm Niklas hinterher. Aber er beobachtet, wie auch Heiko und Antonio ein rotes bekommen. Und er sieht, wie der Trainer auch Marco ein grünes gibt. Zwei Kapitäne in einer Mannschaft! Wie soll das denn gehen? Alle schauen sich suchend nach den neuen, unbekannten Spielpartnern um. Kein Trainingsspiel Deutschland gegen Italien? Was haben die Trainer sich da nur für einen Blödsinn ausgedacht?

Marcos Trainer deutet auf die Tore und sagt: „Rosso contro verde!"

„Rot spielt hier und Grün drüben!", übersetzt der Trainer und postiert sich als Linienrichter am Spielfeldrand. Marcos Trainer pfeift das Spiel an. Schnell landet der Ball bei Niklas. Er weiß nicht einmal, von wem er kam. Er sucht seine Jungs. Marco und Enrico bieten sich für die Ballannahme an. Niklas sieht Stefan und passt ... Stopp! Heute ist ja alles anders ... Stefan trägt Rot! Mist! Zu spät! Fehlpass!

Stefan freut sich über Niklas' Fehler und zieht Richtung Filippos Tor ab. Enrico rennt ihm hinterher, vergeblich. Stefan ist viel zu schnell für ihn, auch Marco kann ihm den Ball nicht abknöpfen, noch nicht einmal zum Stören reicht es. Stefan passt weit auf Antonio, der sieht Rudi anlaufen und flankt ihm den Ball präzise in den Lauf. Rudi verwandelt seinen Schuss aufs Tor in einen echten Rudi-Kunststück-Knaller! Direkt an Filippo vorbei, peng ins Netz!

1 : 0. Super, denkt Niklas, ein wunderschönes Tor.
"Tooor! Tooor!", jubelt Rudi.
"Goool! Goool!", jubelt Antonio. Tobias stürmt auf Rudi zu und freut sich mit ihm.

Niklas versteht. Es steht 0 : 1 gegen ihn durch ein Tor von Rudi! Basta! Er hat begriffen. Alle haben jetzt die neue Situation erfasst. Grün spielt gegen Rot! Und die Roten laufen wie die Teufel, gehen hohes Tempo und rufen und zeigen und winken. Sie haben sogar noch zwei richtig große Torchancen, die sie, zum Glück, nicht nutzen können. Einmal rettet der Pfosten, einmal erwischt Filippo den Ball noch mit der Fingerspitze und lenkt ihn so gerade noch am Tor vorbei. Alle wissen: Es könnte schon 3 : 0 für die Roten stehen.

Jetzt sehen die Grünen rot! Sie müssen etwas unternehmen, bevor noch Schlimmeres passiert, denkt Niklas. Die anderen aus seiner Mannschaft schlagen auch Alarm und endlich legen sie richtig los. Die Zurufe gehen wild durcheinander.

Niklas sieht, dass sich Heiko viel zu weit von seinem Tor entfernt hat. Was macht er da? Aber Niklas will nicht länger darüber nachdenken. Er hat den Ball, passt ihn kurz zu Enrico und ruft: "Marco!"

Enrico sieht seinen Kapitän vorne winken, läuft seinen Gegenspieler Tobias schwindelig, hängt ihn sogar ab und passt genau vor Marcos Füße.

Marcos Position ist gut, Heiko ist noch nicht wieder ganz an seinem Platz zurück. Marco holt kaum aus und schießt

den Ball fast aus dem Stand heraus in einem hohen Bogen über Heiko hinweg ins Tor.

„Jaaaaaa, gooool!", jubelt Niklas und schon laufen Marco und Enrico aufeinander zu und feiern sich. Niklas läuft auf die beiden zu und klopft ihnen anerkennend auf die Schulter. „Das Ausgleichstor! Super! 1 : 1."

„Piede d'oro!", flüstert Marco Niklas zu und lacht.

Fuß mit Gold? Goldfuß! Der Name würde seinem Raufuß sicher auch gefallen, denkt Niklas. Aber wenigstens bewacht der ja gerade ein goldenes Kettchen.

Dann zwei kurze Pfiffe. Marcos Trainer winkt alle zu sich in den Mittelkreis. „Un circolo, Kreis, bitte." Er schaut zum Trainer und sagt: „Helfen Sie?"

Und der Trainer lächelt und sagt: „Was braucht jede Mannschaft, jung oder alt? In Deutschland oder Italien?"

Seine Jungs wissen, was er meint, und antworten: „Teamgeist und Tore."

„Qual' è la cosa più importante?", fragt Marcos Trainer.
Und seine Jungs antworten: „La squadra e vincere."

Er greift sich die Hand des Trainers und des Jungen neben ihm. Alle anderen nehmen sich auch an die Hand und dann laufen alle mit den Händen nach unten in die Kreismitte und nehmen auf dem Weg dorthin die Arme nach oben. In der Mitte rufen alle: „Vinceremo, vinceremo!"

Es scheint, dass beide Mannschaften diesen Brauch kennen und praktizieren. Beim zweiten Mal breiten alle zu Beginn die Arme noch weiter auseinander, sodass der Kreis noch größer wird. Und diesmal laufen alle mit noch mehr Tempo in die Mitte. Beim dritten und letzten Mal ist der Jubel ein ohrenbetäubendes Kreischen.

DIE ÜBERRASCHUNG

„Silenzio, attenzione!", versucht Marcos Trainer die Aufmerksamkeit wieder auf sich zu lenken. „Jetze spreche Marco und Niklas."

Niklas' Trainer schaut verwundert. Marcos Jungs auch.

„Avanti!" Marco zieht Niklas an seinem Trainingstrikot nach vorne. Der rote Blitz auf dem Trikot wird dabei länger und länger, bis Niklas neben Marco vor den beiden versammelten Mannschaften steht.

Niklas räuspert sich. Marco stupst ihn in die Seite.

Niklas beginnt: „Ja, ähm ... also ... unsere Mannschaft hat sich da etwas ausgedacht. Und Marco und sein Trainer haben uns dabei geholfen."

„Sag schon!", ruft Freddy dazwischen.

„Si!", rufen einige italienische Jungs.

„Psssst!", macht Marco und legt seinen ausgestreckten Zeigefinger auf seinen Mund.

Niklas kann weitererzählen: „Wir veranstalten heute einen italienischen Abend für unser Jubiläumsfest. Der Pizzamann und der Mann vom Eiscafé um die Ecke laden uns alle dazu ein. Sie warten schon auf uns!"

Ohrenbetäubender Jubel bei den Jungs vom FC Berne, obwohl sie ja schon von der Überraschung wussten.

„Come?", fragen die Jungs aus Bologna.

Nachdem Marco übersetzt hat, bricht auch bei ihnen der Jubel aus.

„Ein italienischer Fußballabend?", fragt Niklas' Trainer. „Eine tolle Idee. Gut, dass ich mir nichts anderes vorgenommen habe."

Blitzschnell haben die Jungs ihre Taschen gepackt und ziehen angeführt von Niklas und Marco direkt zur Pizzeria in der Nähe des Vereinshauses.

„Danke für eure Hilfe", sagt Niklas Marco mit Händen und Füßen. „Ich allein hätte die Absprache mit Bella Rosa bestimmt nicht so gut hinbekommen wie euer Trainer."

„Si", sagt Marco und Niklas ist sich nicht ganz sicher, ob Marco ihn überhaupt verstanden hat.

Schon von Weitem erkennt Heiko ihre Plätze. Vor der Pizzeria sind lange Tische in einer Reihe aufgebaut. Auf jeder Seite ist Platz für eine ganze Fußballmannschaft.

„Das sind bestimmt unsere Tische! Mmmmh, ich liebe Pizza! Und ich hab tierischen Hunger! Hoffentlich gibt's genug!"

Auf jedem Platz liegen Servietten und Besteck. Nur die Teller fehlen noch.

„Che bello!", hört Niklas Marcos Trainer immer wieder sagen. „Che bello!"

Offenbar ist alles noch schöner geworden, als er es mit der Besitzerin der Pizzeria, Bella Rosa, am Telefon abgesprochen hat. Die steht nun zusammen mit ihrem Mann vor den Tischen und empfängt die Jungs mit einem breiten Lächeln: „Benvenuto! Tutto bene? Prego, prego, bitte, setzt euch. Alles ist vorbereitet."

Zwei Kellner beginnen damit, die Teller aufzudecken. Auf jedem liegt ein großes Stück Pizza mit runden Scheiben weißem Mozzarellakäse und schwarzen Oliven drauf. Sie sehen aus wie Fußbälle. In jeder Pizzaecke steckt an der Spitze eine rote dreieckige Fahne. Unverkennbar eine Eckfahne.

„Yeah!", ruft Heiko. „Die Ecke verwandle ich direkt!" Er nimmt die Fahne raus und beginnt die Pizza zu verschlingen.

Marco ruft: „Perfetto, perfetto!"

Die Kellner sausen rein und raus und hin und her, bis auf jedem Platz ein Teller mit einer Pizzaecke und ein Glas Limonade stehen.

Niklas beobachtet, wie ein dritter Kellner einen kleinen Tisch direkt am Eingang zur Pizzeria aufstellt. In die Mitte postiert er eine große Dose mit einem Schlitz. Daneben stellt er ein Pappschild. Niklas kann sogar von seinem Platz aus lesen, was dort steht, und muss lachen:

100 Jahre jung!
Spenden Sie bitte für das Jubiläumsfest des FC Börne

Da hat Bella Rosa sich offenbar verschrieben! Aber das macht nichts. Niklas ist froh, dass sie nicht *Birne* geschrieben hat.

Das Schild erfüllt seinen Zweck. „Alle sollen sehen, warum wir das machen! Und bestimmt helfen unsere Gäste mit einer Spende, Geld für eine schöne Festa zu sammeln", sagt Bella Rosa zu Niklas. Der lacht und denkt, Bella Rosa ist eine tolle Frau! Schon die ersten Gäste, die das Lokal betreten, schauen lächelnd zu der langen Reihe Jungs und werfen ein paar Münzen in die Spendendose.

„Super! Habt ihr das gesehen?", fragt Niklas die anderen. Aber niemand hört ihm zu, weil sie zu sehr damit beschäftigt sind, sich mit Pizzaecken vollzustopfen.

„Ich liiiiiieeeeebe Pizza", schwärmt Heiko mit vollem Mund. „Die habt ihr Italiener gut erfunden."

„Si", antwortet Marco. „Was habt gefunden ihr?"

„Erfunden", verbessert Heiko.

„Was erfunden Deutsche?", fragt Marco.

Heiko stutzt. Ihm fällt so schnell nichts ein. Alles, was er gerne mag, kommt aus anderen Ländern: Pizza aus Italien, Hamburger aus Amerika, Pommes frites aus Belgien, Döner aus der Türkei.

Aber Freddy fällt etwas ein. „Currywurst!", ruft er. „Kennt ihr Currywurst?"

Die Jungs aus Italien schütteln die Köpfe.

„Oje", lacht der Trainer. „Das wird eine harte Zeit für dich bei Inter Mailand, Freddy. Eine ganze Saison ohne Currywurst!"

Freddy lässt sich nicht beeindrucken. „Dafür haben sie ja Spaghetti!"

„Ja", bestätigt Niklas. „Spaghetti Bolognese direkt aus Bologna! Und italienisches Eis!"

„Si!" Marco nickt und kaut. „Und Fußball!"

„Fußball?" Das will Freddy jetzt aber genauer wissen. „Ihr habt den Fußball erfunden?"

„Si!", behauptet Marco und die anderen Jungs nicken ihm zustimmend zu.

„Quatsch!", widerspricht Stefan. „Fußball kommt aus England!"

„No! No!", ruft Antonio, der neben Marco sitzt. „Il calcio ist erster Fußball. Gefunden in Italia."

„Wer hat einen Fußball gefunden?" Tobias versteht gar nichts mehr.

„Erfunden!", verbessert Marco grinsend.

Heiko ist mit seiner Pizza schon fast fertig. Er hat den letzten Bissen noch im Mund, da fragt ihn ein aufmerksamer Kellner: „Noch ein Stück?"

Heiko antwortet kauend mit vollem Mund: „Gern. Geht es diesmal vielleicht mit schneeweißen Bällen?"

Heiko isst wirklich alles gern. Fast alles. Schwarze Oliven gehören nicht dazu. Er hat seine Oliven akkurat als kleinen

schwarzen Haufen an den Tellerrand verfrachtet. Hier gibt es keine Mutter, die deswegen meckern könnte.

„Klar, nessun problema!", antwortet der Kellner und verschwindet im Restaurant.

Tobias lacht: „Im Eckenvernichten war Heiko schon immer ganz groß!"

„Posso?", bettelt Filippo mit Adlerblick auf den Olivenhaufen. Eine Sekunde später hat er sie sich restlos in den Mund befördert und grinst mit dicken Hamsterbacken.

„Vergesst nicht!", warnt Rosas Mann. „Gleich gibt es noch Eis!"

„Dauert noch viele Minuten", sagt Marco, stupst Niklas an und zeigt mit seiner Pizza in der Hand auf Rosas Mann. „Guarda! Perfetto! Tutto perfetto!"

Rosas Mann und der Mann vom Eiscafé tragen eine riesige Wand, mit runden schwarzweißen Fußballpizzas und bunten Eiskugeln bemalt, aus der Garage herbei. In großen Buchstaben steht ganz oben:

Nie zu alt für Pizza und Eis!
FC Berne – 100 Jahre jung!
Jede Schuss eine Spände für große Jubiläum

Zwischen den Pizzas und den Eiskugeln sind zwei Löcher ausgesägt, eines oben links und eines unten rechts. Die Torlöcher.

Die Wand ist noch nicht ganz aufgestellt, da bleiben die

ersten Passanten auf der Straße schon neugierig stehen. Einige öffnen auch gleich ihre Geldbeutel, um nach einer Spende zu schauen.

135

„Und wo ist der Ball?", fragt ein Mann und schaut sich suchend um.

„Nur ein Mal, ein einziges Mal!", quengelt ein Junge und versucht, seinen Vater am Weitergehen zu hindern.

In dem Moment entdeckt Niklas hinter ihnen einen kleinen Pulk Mädchen auf der Straße, der sich dem Platz nähert.

Hastig tippt Niklas Tobias in die Seite. „Sag mal, du hast deiner Schwester doch nicht etwa von unserer Aktion erzählt?"

„Ich bin doch nicht bescheuert!", erwidert Tobias. Er hat die Mädchen noch gar nicht gesehen. „Am Ende schnappen die sich noch unsere Idee und wir kriegen wieder keine Punkte!"

„Dann müssen die Mädchen hellsehen können", befürchtet Niklas. „Schau mal, hinter dir!"

Tobias dreht sich um und gleich wieder zurück. Er hat sofort erkannt: Wanda, zwei weitere Mädchen und seine Schwester sind im Anmarsch!

„Mist! Wieso stecken die ihre Nase überall rein?", flucht er.

„Na, da hat ja wohl jemand nicht dichtgehalten, was?" Freddy hat die Situation jetzt auch erfasst.

„Ich habe kein Wort gesagt!", wehrt sich Tobias. „Was machen die jetzt? Kommen die näher?" Er will sich nicht noch mal umdrehen.

„Allerdings. Schnepfen-Alarm!", zischt Freddy.

DIE ENTSCHEIDUNG

Die Mädchen bleiben vor der Pizzeria stehen. Sie lachen und quieken und gucken immer wieder zu Marco und den anderen herüber. Fast hat Niklas das Gefühl, als ob sie die Jungs schon mal mit Blick auf das Mitternachtsspiel prüfend ins Visier nehmen!

Auf keinen Fall darf Marco jetzt erfahren, dass erst dieser Abend darüber entscheidet, ob die Jungs gegeneinander spielen oder ob sie gegen die Mädchen spielen müssen.

Da geht Niklas' Trainer auf die Mädchen zu, gibt Wanda die Hand, begrüßt sie und die anderen herzlich und bietet ihnen einen Platz an.

Niklas versteht die Welt nicht mehr. Auch die anderen Jungs schauen sich verdattert an. Die Mädchen sollen zu ihnen und den Italienern an den Tisch, an dem sie gerade so schön beisammensitzen? Was soll das?

„Hier ist kein Platz mehr!", versucht Freddy sich noch zu wehren.

Doch ihr Trainer kennt keine Gnade. „Das ist doch kein Problem", findet er. „Wir rücken ein bisschen zusammen. Stefan, Heiko, seid ihr so nett und holt noch Stühle?"

„Wieso denn gerade wir?", fragt Heiko.

„Pöh!", wehrt sich Stefan.

Auch Niklas staunt. Macht der Trainer jetzt gemeinsame Sache mit den Mädchen? War er es, der den Mädchen verraten hat, dass sie sich heute Abend mit den Jungs aus Bologna

treffen? Aber ihr Trainer hat ja vorher gar nichts von dem italienischen Abend gewusst. Niklas ist vollkommen verwirrt.

Die Mädchen gehen inzwischen selbst ins Restaurant, holen sich Stühle und quetschen sich mit an den Tisch.

Die merken nicht mal, dass sie stören, ärgert sich Niklas.

„Und?", fragt Wanda, die sich ausgerechnet zwischen Niklas und Marco gepflanzt hat. „Wie geht's?"

„Bis eben noch gut!", antwortet Tobias. Argwöhnisch schaut er an Niklas vorbei zu seiner Schwester. Was haben die Mädchen vor?

„Die anderen kommen gleich", kündigt Wanda an.

„Die anderen?" Erschrocken dreht Niklas sich um.

Wanda nickt. „Unsere ganze Mannschaft kommt!"

Niklas wird bleich. Und Marco fragt, wer die Mädchen sind, woher sie kommen und was Niklas mit Wanda bespricht.

„Nix verstehen", redet Niklas sich erst mal heraus. Wie soll er Marco das bloß erklären?

Getreu dem Sprichwort, nach dem ein Unglück selten allein kommt, steht mit einem Mal der braungebrannte Platzwart neben dem Tisch. Er klopft mit seiner Faust auf den Tisch und ruft: „Guten Abend allerseits!"

Tobias rückt an Niklas heran und tuschelt ihm ins Ohr: „Was will der denn hier? Was ist hier eigentlich los?"

„Das wüsste ich auch gern", flüstert Niklas zurück. Er spürt nur, dass die Sache gehörig aus dem Ruder läuft. So war der Abend nicht geplant.

„Die Mädchen haben bestimmt wieder irgendwas ausgeheckt", ist sich Tobias sicher. „Wenn ich nur wüsste, was!"

„Hat deine Schwester wirklich nichts gesagt?", fragt Niklas ängstlich zurück.

Tobias schüttelt den Kopf. „Niente."

Der Trainer begrüßt den Braungebrannten, schaut dann auf seine Uhr, sieht sich suchend um und ruft plötzlich erleichtert: „Ah, da kommen sie ja!"

Niklas und Tobias verrenken ihre Hälse und sehen, wie der Rest der Mädchenmannschaft um die Ecke kommt. Offenbar bleibt ihnen an diesem Abend nichts erspart.

Auch Stefan, Heiko, Freddy und Demir schauen vollkommen verdutzt aus der Wäsche. Nur ihr Trainer ist die Fröhlichkeit in Person. Freundlich empfängt er die Mädchen, und die Jungs müssen noch enger zusammenrücken, um Platz für die Mädchenfußballmannschaft zu machen.

„Ich bin gespannt, wer das Mitternachtsspiel bestreiten darf", sagt Wanda und tickt Niklas dabei gegen den Arm. Niklas zieht ihn schnell weg.

„Ich habe gehört, ihr habt noch keinen einzigen Punkt", redet Wanda weiter.

Niklas beißt sich auf die Lippen. Er will sich nicht mit Wanda unterhalten.

Freddy antwortet stattdessen: „Ja, und ihr habt drei Punkte, weil ihr unsere Idee geklaut habt!"

Tobias ergänzt: „Und einen Punkt dadurch, dass unsere Lehrer keinen Spaß verstehen."

„Wir haben eine Tombola veranstaltet und Fußball-Gebäck verkauft", verteidigt sich Wanda. „Und was habt ihr gemacht?"

„Was wohl?", brummt Niklas vor sich hin. Wer hat sich denn diesen italienischen Abend ausgedacht?

„Ah! Da kommen sie ja endlich!", ruft der Trainer, und Niklas weiß gar nicht, wen er meint. Da kommt noch jemand?

„Oje, die durften ja nicht fehlen", klagt Tobias, als er erkennt, wen der Trainer offenbar erwartet hat. Mit einem Mal steht der gesamte Festausschuss vor dem Restaurant.

„Herzlich willkommen zum italienischen Abend meiner Jungs!", begrüßt der Trainer die Neuankömmlinge.

Die Herren und die Dame des Komitees bestaunen die Dekoration, die Torwand, an der schon einige Passanten Schlange stehen, die große fröhliche Runde mit der D-Jugendmannschaft des FC Berne, der D-Jugendmannschaft von Juventus Bologna und der D-Jugend der Mädchen. Sie sehen den Spendenaufruf am Eingang und die fröhliche Bella Rosa. Nur von den Pizzaecken sehen sie nur noch spärliche Reste.

„Ihr habt das alles organisiert?", fragt Herr Silberhahn noch mal nach. Mit einem breiten Lächeln geht Bella Rosa auf den alten Mann zu, schwingt ihre kräftigen Arme um ihn, und Niklas weiß nicht genau, ob sie ihn jetzt umarmen oder zerquetschen will.

„Si!", ruft Bella Rosa aus. „Eines Mittags standen die beiden hier!" Sie zeigt auf Tobias und Niklas. „Und wollten unsere

Telefonnummer. Und dann rief uns später Herr Cappaletti an." Sie legt einen Arm auf die Schulter von Marcos Trainer und lächelt ihn an. „Er bat uns, einen italienischen Abend für die Jungs und das Jubiläum des Vereins auszurichten. Wir fanden die Idee so gut, dass wir gleich zusagten. Und Luigi, unser Kollege vom Eiscafé gegenüber, genauso."

„Na ja, und beim Bauen und Malen haben uns die Jungs ja auch geholfen!", erklärt Luigi. „Und gleich gibt es gelato für alle! Meine beste Eis von der Welt. Aus Sicilia!"

Nicht nur Herr Silberhahn ist sichtlich beeindruckt. Auch die anderen Mitglieder des Festkomitees nicken überrascht.

„Jungs, rückt doch mal zusammen!", ruft der Trainer.

„Noch enger?", fragt Rudi schon, aber er verstummt sofort, als der Trainer ihn böse anguckt.

„Damit unsere lieben Sportsfreunde vom Festausschuss sich zu uns setzen können. Oder meint ihr, die mögen kein Eis?"

„Langsam, langsam!", ruft Herr Silberhahn dazwischen. „Morgen ist ja das Mitternachtsspiel. Also müssen wir heute eine Entscheidung treffen."

Auf einen Schlag wird es still an den Tischen. Sogar die italienischen Jungs haben verstanden, dass jetzt etwas sehr Wichtiges kommt, auch wenn sie nicht wissen, worum es genau geht.

„Also, wie ich die Sache sehe ...", beginnt Herr Silberhahn. Seinem Tonfall ist anzumerken, dass es jetzt offiziell wird.

„Oh Mann, jetzt kommt eine dieser Geschwafel-Reden", zischt Freddy leise.

„Psst!", faucht Tobias ihn an.

Niklas Knie fühlen sich auf einmal so weich an wie Eis, das in der Sonne wegläuft. Oder wie geschmolzener Käse auf Pizzas. Seine Hände werden schweißnass und irgendwie findet er es plötzlich irrsinnig heiß hier draußen vor dem Restaurant.

„Also, wie ich es sehe", wiederholt Herr Silberhahn, „haben die Jungs für die Idee mit den Pizzas ..." Bella Rosa hält schnell die letzte Pizzaecke in die Höhe und zeigt sie allen, auch wenn sie jetzt schon schlaff von ihrer Hand herunterhängt. Herr Silberhahn streckt einen Daumen in die Höhe: „... einen Punkt verdient."

Die anderen Komitee-Mitglieder nicken.

„Yeah!", brüllt Tobias. Und alle klatschen Beifall. Auch die italienischen Jungs.

Herr Silberhahn hebt beide Hände. Die Anwesenden verstummen.

„Für die Idee mit der Torwand ...", er streckt zusätzlich zum Daumen seinen Zeigefinger aus, „... einen Punkt."

Nicken bei den alten Herrschaften.

Beifall der Jungs.

Und sofort wieder Ruhe.

Unter dem Tisch hat Niklas begonnen mitzuzählen. Ebenso wie Herr Silberhahn hat er schon Daumen und Zeigefinger ausgestreckt. Nicht, dass ein Punkt verloren geht.

„Für die Idee mit dem Eis, das ihr gleich esst ...", er streckt den Mittelfinger aus, „... einen Punkt!"

Gleichstand mit den Mädchen!, denkt Niklas.

„Für die Beteiligung der italienischen Gäste ...", er streckt den Ringfinger aus, „... und für die Ausführung der Gesamtidee ...", er streckt den kleinen Finger aus, „... gibt es jeweils einen Punkt." Er zeigt alle ausgestreckten Finger und sagt: „Das sind fünf Punkte!"

Wanda erstarrt mit offenem Mund. Sie traut ihren Ohren nicht und wiederholt entsetzt: „Fünf Punkte? Aber ..."

Der Trainer lässt sie nicht ausreden, hebt eine Hand und zeigt ihr fünf ausgestreckte Finger.

Wanda zeigt auf die Torwand, die leer geräumten Tische, auf die Eistüten, die Luigi jetzt bringt, und fragt ehrfürchtig und mit weit geöffneten Augen: „Das ... das gibt es alles, weil ihr euch das ausgedacht habt? Das alles hier?"

Niklas nickt nur. Innerlich ist er wahnsinnig stolz. Diese Entscheidung zischt wie ein unhaltbarer Elfmeter ins Netz, aber bringt sie den Jungs mit dem Schlusspfiff auch den Sieg? Während Herr Silberhahn noch mal mit den anderen Festausschussmitgliedern spricht, verschwinden ein paar Jungs im Restaurant und kommen mit großen Waffeltüten voll Eis zurück.

Herr Silberhahn wendet sich plötzlich an Niklas und Wanda und sagt mit feierlichem Ton in der Stimme: „Der Wettbewerb ist damit entschieden!" Er schaut Niklas ermunternd an. „Sag du es den Jungs! Das Mitternachtsspiel gegen die Jungs aus Bologna werdet ihr bestreiten."

„Puuuh! Endlich! Geschafft!" Niklas hüpft erleichtert vor

Freude im Kreis. Sogar Raufuß hüpft mit, in seiner Hosentasche. Wanda schweigt überrascht.

Die meisten Jungs lutschen schon an Eiskugeln in allen erdenklichen Farben. Während Wanda aufsteht, um ihren Mädchen mitzuteilen, dass sie die Niederlage in diesem vereinsinternen Wettbewerb wegstecken müssen, stellt Niklas sich auf die italienische Bank und klopft, wie der Platzwart, laut mit seiner Faust auf den Tisch. Alle Stimmen verstummen. Die Jungs schauen alle auf Niklas, neugierig darauf, was er sagen will.

„Heute Abend hat der Vorstand eine wichtige Entscheidung getroffen. Morgen wird ein Mitternachtsspiel ausgetragen." Für die Jungs vom FC Berne ist das nichts Neues. Aber für Marcos Jungs ist das eine echte Neuigkeit.

„Mezzanotte?" – „O!" – „L'ora degli spiriti?", vergewissern sie sich gegenseitig. „Mitten in die Nacht?", fragt Filippo.

„Der Vorstand hat beschlossen: Die Jungs des Juventus Bologna spielen im Mitternachtsspiel des Jubiläumsfestes gegen … die Jungs des FC Berne."

Fast alle Jungs stehen gleichzeitig auf und jubeln, strecken die Arme in die Luft und freuen sich. „Yippie, super, cool! Perfetto!"

Auf der deutschen Bank bleibt als Einziger der Trainer sitzen. Jedenfalls will er das. Aber in dem Moment, in dem die Jungs alle gleichzeitig jubelnd aufstehen, schleudert sein Körpergewicht die leere Bank nach oben und der Trainer rutscht von ihrem Ende direkt auf seinen Hosenboden. Im allgemeinen Jubel bemerken das nur Tobias, der bis eben noch neben ihm saß, und Niklas, der den Trainer plötzlich nach unten verschwinden sieht.

„Zum Glück kein Büroanzug!", sagt Tobias und versucht sein Grinsen zu verbergen. Das Eis des Trainers klebt jetzt an seiner grünen Vereinsjacke. Zitrone, Erdbeere und Schokolade.

DAS FEST

Zu so später Stunde ist Niklas noch nie auf dem Fußballplatz gewesen. In den klaren, pechschwarzen Sternenhimmel hinein ragt auf zwei großen Stahlmasten die neue, riesige Anzeigetafel des FC Berne. Gelbe Leuchtdioden formen sich zu großen Zahlen und Buchstaben und durchbrechen das Schwarz mit:

FC BERNE 99 JAHRE,
364 TAGE,
23 STUNDEN,
52 MINUTEN,
17 SEKUNDEN

Herr Silberhahn steht darunter an einem Pult mit Mikrofon und hält schon seit einer Weile eine Rede.

„… blicken mit Stolz auf 100 Jahre Vereinsgeschichte zurück, wobei wir Höhen und Tiefen erlebt haben … Der Verein hat manche Krise überdauert … die Zeiten und Verhältnisse haben sich enorm gewandelt …"

32, 33, 34 – Niklas schaut fasziniert auf die große Digitalanzeige und beobachtet, wie sich die Sekundenanzeige verändert. Er kann sich nicht erinnern, jemals so viele Menschen in dem kleinen Stadion seines Vereins gesehen zu haben. Es ist kein Platz mehr frei. Und auch auf dem Rasen stehen Hunderte von Menschen. Niklas' Eltern sind da, sein Opa, die Nachbarn und überhaupt alle, die in den vergangenen hundert Jahren jemals etwas mit dem FC Berne zu tun gehabt haben. Niklas sieht Bella Rosa mit ihrem Mann, die ihm freundlich zuwinkt. Niklas winkt zurück und sieht nun auch

Luigi, der die Gunst der Stunde nutzt und einen Eisstand aufgebaut hat.

Niklas hat sich schon umgezogen fürs Mitternachtsspiel und trägt nur einen Trainingsanzug über seinem Trikot. Seine gesamte Mannschaft steht um ihn herum, genau wie die Mannschaft von Juventus Bologna. Marco hüpft ein wenig auf und ab, damit ihm nicht zu kalt wird. Auch er winkt, aber nicht zu Bella Rosa, wie Niklas erkennt, sondern zu Wanda, die mit ihrer kompletten Mannschaft unter den Zuschauern steht.

Niklas konzentriert sich wieder kurz auf die Rede von Herrn Silberhahn: „Als der FC Berne 1909 aus der Taufe gehoben wurde, da – man stelle sich vor! – war Fußballspielen an manchen Schulen noch streng verboten."

„Lehrer-Eimer-Zielschießen immer noch", raunt Tobias Niklas grinsend zu.

„Und nun, meine Damen und Herren, bitte ich Sie ganz besonders um Ihre Aufmerksamkeit."

Aus einem Kinderwagen kommt ein lautes, durchdringendes „Bäääbäääh ..." Einzelne Zuhörer lachen, denn das Baby scheint dieser Bitte nicht folgen zu wollen. Nicht nur das Baby darf an diesem Abend länger aufbleiben, sondern alle Kinder.

„Also, meine Damen und Herren ... und liebe Kinder", ergänzt Herr Silberhahn deshalb auch. „Gleich ist es so weit: Im Protokoll der Gründungsversammlung ist der Zeitpunkt der Vereinsgründung des FC Berne notiert. Um 22:30 Uhr

wird der Verein exakt 100 Jahre alt. Wir freuen uns, dass sich dank verschiedener großzügiger Spenden der Verein zu diesem Jubiläum ein besonderes Geschenk machen kann. Damit wir die Zukunft nicht verschlafen und die Zeit in unserem Verein nicht stillsteht, wird der FC Berne ab sofort diese neue Zeitanzeige haben. Zukünftig sehen wir die Spielergebnisse, die Spielpaarung und die Tageszeit über diese Digital-

anzeige. Bitte unterstützen Sie mich, wenn in wenigen Sekunden der Countdown der letzten zehn Sekunden zu hundert Jahren FC Berne beginnt!"

Herr Silberhahn entfernt sich vom Pult, nimmt sein Mikrofon mit, dreht den Rücken zum Publikum und zählt laut vor: „Zehn, neun, acht ..."

Langsam steigen auch die Zuschauer in den Sekunden-Countdown ein und zählen laut mit: „... sieben, sechs, fünf ..."

Jetzt machen alle mit. Sogar Marco zählt mit. So viele deutsche Worte kann er schließlich schon. Bei „Null" beginnt ein riesiges Feuerwerk! Nicht nur die Knaller und Böller, sondern auch die Sirene der Alarmanlage des Vereinsheims übertönt den Jubel der anwesenden Gäste. Es dröhnt, knattert und kracht, als die neue digitale Uhr am Sportheim um 22:30 Uhr auf genau hundert Jahre, null Stunden, null Minuten und null Sekunden springt. Überall ein riesiges Getöse, Applaus, Jubelrufe, Gejohle und Gegröle. Die Musik der Vereinskapelle setzt ein. Ein paar Männer sitzen hupend in ihren Autos auf dem Parkplatz, Kinder blasen in laute Plastiktröten und all das vermischt sich mit dem stürmischen Beifall.

Wahnsinn! Niklas staunt. Er beobachtet, wie Marcos Trainer seinem Trainer die Hand gibt und „Congratulazioni!" sagt. Der nickt und nimmt die Glückwünsche dankend entgegen.

Herr Silberhahn spricht weiter: „Wir laden alle Anwesenden und ganz besonders den Herrn Bürgermeister und die

Vertreter der Presse ein, mit uns heute Nacht den Höhepunkt des Festes mitzuerleben: das Mitternachtsspiel unserer D-Jugendmannschaft der Jungs gegen unsere Gäste von Juventus Bologna. Anpfiff ist um 23:00 Uhr und pünktlich zur Mitternacht wird das Spiel, unabhängig vom Spielstand, beendet. Lassen Sie sich von der besonderen Atmosphäre dieser Jubiläumsnacht verzaubern." Unter großem Beifall verlässt Herr Silberhahn das Mikrofon.

Und Niklas fragt sich, wo all die Menschen, die jetzt noch auf dem Rasen stehen, hingehen sollen, wenn sie hier gleich spielen. Aber vielleicht rücken die Zuschauer einfach nur enger zusammen, so wie sie am Abend zuvor in der Pizzeria.

Und genau so ist es. Das Feuerwerk dauert nur zehn Minuten. Kaum ist es beendet, leert sich das Spielfeld im Stadion wie von Geisterhand.

Die A-Jugend-Mannschaften haben den Ordnerdienst übernommen und geleiten alle, die eben noch auf dem Platz gestanden haben, in die Zuschauerränge. Da das Stadion nur wenige Sitzplätze besitzt, ist es leicht, auf den Stehplätzen eng zusammenzurücken. Die Ordner der A-Jugend erledigen ihre Arbeit so flink, als hätten sie nie etwas anderes getan. Sie freuen sich auf die Jugenddisco im Vereinsheim, die zeitgleich mit dem Spiel beginnt.

Niklas und seine Jungs haben schon genug Platz, um mit dem Warmlaufen zu beginnen.

Die italienischen Jungs machen das Gleiche auf der anderen Hälfte des Spielfelds.

Niklas sieht in seiner Erinnerung wieder die verpassten Chancen aus dem Spiel im Sommer vor sich und schwört sich, diesmal keine Chance auszulassen.

Kurz darauf ist der Platz wie leer gefegt. Nur die beiden Mannschaften sind noch da, jede in ihrer Hälfte.

Marcos Mannschaft hockt Schulter an Schulter wie eine verschworene Gemeinschaft um ihren Trainer herum. Mit ihren roten Trikots sieht es aus, als ob er in einer riesigen roten Kirschtorte steht und Anweisungen gibt. Wie gern wäre Niklas jetzt unsichtbar! Er würde sich mitten in die Torte setzen und zuhören, welche Tipps der Trainer noch in letzter Minute gibt.

Niklas' Trainer kommt auf den Platz und wirft den Jungs ein paar Bälle zu, zum Einspielen. Niklas nimmt sich einen und läuft mit ihm, indem er den Ball in schnellem Tempo immer von einem auf den anderen Fuß hin und her spielt.

„Gib mir mal 'ne Flanke!", ruft Rudi.

Niklas weiß, was Rudi vorhat. Er will noch einmal seine neue Flankenverwertung ausprobieren, die er schon seit Wochen trainiert.

Niklas läuft mit dem Ball raus auf die Seite, legt sich den Ball wie bei einem Freistoß zurecht und flankt in den Strafraum, wo Rudi wartet.

Die Flanke gelingt ihm gut. Der Ball segelt in hohem Bogen direkt auf Rudi zu. Der könnte den Ball mit dem Kopf spielen, ohne springen zu müssen. Das macht er aber nicht. Rudi springt hoch, nimmt den Ball mit der Brust an, lässt ihn von dort hinuntertropfen und setzt an zum Volleyschuss. Heiko fliegt schon in die vermutete Ecke. Doch jetzt kommt Rudis neuer Trick. Statt den Ball zu schießen, zieht er ihn im Drop-Kick mit der Innenseite des linken Fußes zurück, spielt ihn mit der Hacke hinter seinem rechten Standbein und gibt ihm mit der Spitze noch den letzten Dreh in einem so schnellen Tempo, dass der Ball plötzlich schussgerecht vor Rudis rechtem Fuß liegt, während Heiko schon in die linke Ecke gesprungen ist. Rudi braucht den Ball jetzt nur noch in die rechte Ecke einzuschieben.

Niklas spendet großzügig Beifall. Das war wirklich ein Meisterstück.

Heiko flucht. „Mann! Ich kenne den Trick doch aus dem Training und bin trotzdem wieder reingefallen. Es sah aus, als ob er den Volley in diese Ecke knallt."

Rudi strahlt stolz übers ganze Gesicht. „Daran habe ich auch Wochen geübt. Jeden Tag mindestens eine Stunde nur diesen Trick."

Auch der Trainer applaudiert für Rudi, hat aber für Heiko noch einen Tipp parat: „Manchmal muss man die Nerven behalten. Einen Tick länger abwarten, was der Schütze macht. Die Augen auf den Ball, nicht auf den Spieler. Der Spieler kann sich bewegen, wie er will, entscheidend ist, wohin sich der Ball bewegt. Immer nur auf den Ball schauen!"

Heiko weiß, wovon der Trainer spricht. Aber als Torwart ist es besonders schwer, diesen Tipp zu befolgen. Trotzdem nickt er.

Der Pfiff des Schiedsrichters ertönt. Das ist Luigi vom Eiscafé. Sehr praktisch, findet Niklas, denn Luigi spricht beide Sprachen.

Das Mitternachtsspiel beginnt.

Das Flutlicht erleuchtet den Platz taghell. Trotzdem haben viele Zuschauer ihre Feuerzeuge angezündet. Tausend kleine Flammen umrahmen jetzt das Spielfeld.

„Wow!", sagt Niklas überwältigt. So schön hätte er sich sein Mitternachtsspiel nicht vorgestellt. Er sieht, dass auch die Italiener ganz ergriffen sind. Auf der neuen Anzeigetafel erscheinen die Vereinsembleme des FC Berne und von Juventus Bologna, dazu die deutsche und die italienische Flagge.

Und Herr Silberhahn eröffnet per Mikrofon das Mitternachtsspiel. Der Trainer ruft Niklas zu sich und steckt ihm den Vereinswimpel zu, den er Marco überreichen soll.

„Den hat er doch schon", sagt Niklas. „Den hat er im Sommer, beim letzten Spiel, bekommen."

Der Trainer lacht. „Trotzdem. Dann hat er eben zwei. Das macht man so."

Niklas läuft mit seinen vier Schatten in die Mitte des Kreises, wo Marco schon wartet. Die beiden geben sich grinsend die Hände und tauschen die Wimpel aus.

„Schöne Mitternacht!", sagt Marco. „Perfetto!"

„Sì!", antwortet Niklas.

„Eine faire Spiel!", mahnt Luigi. „Dann ich geb auch faire Eisportionen hinterher. Capisce?"

"Sì, sì, signore!", sagen Niklas und Marco wie aus einem Munde.

Marcos Mannschaft gewinnt die Wahl zwischen Platzwahl und Anstoß. Marco entscheidet sich für den Anstoß. Bei Flutlicht ist die Wahl der Seite nicht entscheidend. Das sieht auch Niklas so, der sich jetzt aber für eine Hälfte des Feldes entscheiden muss. Er sagt einfach: "Bleibt so!"

Seine Mannschaft beginnt also in der Hälfte, in der sie sich auch warm gespielt haben.

Dann endlich ertönt der Anpfiff.

Der Trainer hat ihnen noch mal eingeschärft, sich nicht von der Kulisse beeindrucken zu lassen, sondern sich von der ersten Sekunde an auf das Spiel zu konzentrieren. Und doch sind Stefan und Demir zuerst nicht bei der Sache. Niklas merkt es, weil er allein ist, als er sofort wie ein Stier auf den ballführenden Marco zurennt. Die anderen decken ihre Gegenspieler nicht. So ist es leicht für Marco, den Ball weiterzuspielen und Niklas ins Leere laufen zu lassen.

Niklas klatscht laut in die Hände und rüttelt seine Mitspieler wach. "Avanti! Avanti! Was ist denn los?"

Ganz anders die Italiener. Sie sind voll da. Kaum hat Marco den Ball am Fuß, schwärmen sie aus, als wollten sie das Spielfeld für alle Zeiten erobern wie einst Julius Cäsar und seine mächtigen Römer.

Wohin Niklas auch blickt, irgendwie scheint der gesamte Platz nur voller roter Trikots zu sein. Schon rennt einer an

der Außenlinie entlang und flankt. In der Mitte springt Antonio höher als Tobias, köpft mit Wucht aufs Tor und Heiko muss eine Glanzparade hinlegen, um den Ball noch aus dem Winkel zu fischen und zur Ecke zu leiten.

Und das schon nach 20 Sekunden!

Beifall von den Rängen.

Heiko geht wutschnaubend auf seine Mitspieler los. „Sagt mal, pennt ihr alle, oder was?", brüllt er. „Deckt die Männer! Auf eure Posten. Wacht mal auf jetzt!"

Niklas kann Heiko nur zustimmen. Obwohl es nicht sein Platz ist, rennt er zurück in den eigenen Strafraum, um mitzuhelfen, die Ecke abzufangen. Doch die pflückt Heiko sich aus der Luft wie eine Kirsche vom Baum.

„RAUS!", brüllt er und rudert mit den Armen. „RAUS!"

Jetzt sind Niklas' Jungs erwacht. Sie rennen Richtung Mittellinie, stellen sich frei, bieten sich an.

Heiko rollt den Ball zu Tobias, der spielt zu Freddy, der zwei Italiener umspielt, dann auf Niklas gibt.

Jetzt ist Niklas dran mit Flanken. Rudi winkt in der Mitte. Niklas gelingt die Flanke genauso gut wie eben beim Warmspielen.

157

Rudi steigt hoch, nimmt den Ball mit der Brust an, führt seinen Trick aus. Der Torwart fliegt in die falsche Ecke, Rudi schiebt den Ball in die andere, setzt zum Jubel an, doch da grätscht Marco in den Ball hinein und kratzt den Ball von der Linie.

Tosender Beifall von den Rängen. Rudi rauft sich die Haare.

Marco grinst Niklas an. Und Niklas begreift, dass Marco ihnen eben bei der letzten Probe zugesehen hat. Sie haben sich durch das Training verraten. Und Marco, das Schlitzohr, hat aufgepasst!

Es ist ein schnelles, aufregendes Spiel, in dem jeder zeigt, was er kann, und sich bis zum Äußersten verausgabt. Wie in einem Pokalendspiel. Der Spielverlauf lässt nicht erkennen, dass es sich hier nur um ein Freundschaftsspiel handelt.

Das Publikum ist begeistert von so viel Spielfreude. Die beiden D-Jugendmannschaften geben alles.

Nur ein Tor will einfach nicht fallen. Mehrfach Pfosten und Querlatte, einige glanzvolle Paraden auf beiden Seiten. Aber eben kein Tor.

Bis zur vorletzten Minute, zwei Minuten vor Mitternacht.

Marco gibt den Ball an der Strafraumgrenze zu Enrico, der spielt den Ball direkt im Doppelpass zurück, Marco spielt ebenfalls direkt auf die andere Seite zu Antonio. Freddy steht bei ihm, doch Antonio lässt ihn gekonnt aussteigen. Antonio ist nun frei und kann abziehen. Da langt Freddy noch mal zu. Er hat keine Chance, den Ball noch zu erreichen, sondern

fällt Antonio wie ein Holzfäller einen Baum.

Ein Pfiff ertönt. Elfmeter!

Die Italiener jubeln.

„Oh Mann!", schimpft Heiko.

Freddy zieht unschuldig die Schultern hoch. „Was soll ich denn machen? Der wäre durch gewesen!"

„Bei der Ballannahme stören!", meckert Heiko weiter. „Nicht hinterher umnieten!"

„Sehe ich auch so!", sagt Luigi, der herbeigeeilt ist und Freddy jetzt die Rote Karte zeigt.

Freddy starrt Luigi fassungslos an. Noch nie hat er eine Rote Karte kassiert.

„Tut mir leid!", sagt Luigi. „Aber das war eine eindeutige Notbremse!"

„Bei Ihnen kauf ich nie mehr ein Eis!", schimpft Freddy und stampft wütend vom Platz.

Alle schauen mitleidig hinter ihm her. Bei so einem Spiel vom Platz zu fliegen, ist wirklich bitter. Aber Luigi hatte einfach keine andere Wahl.

Jetzt werden sie das Spiel verlieren. Zum zweiten Mal. Niklas würde am liebsten im Erdboden versinken. Sein Blick fällt auf die kleine Tribüne. Eigentlich wollte er zu seinen Eltern schauen und zu seinem Opa, der Raufuß in der Tasche hat. Vielleicht ist Raufuß hier im Stadion zu weit entfernt, um Glück zu bringen, denkt Niklas.

Aber neben seiner Familie sieht er Wanda, die fröhlich aufgesprungen ist und sich offenbar über den Elfmeter für die Italiener freut. Die blöde Schnepfe.

Und jetzt sieht Niklas auch, warum.

Marco hat sich den Ball für den Elfmeter zurechtgelegt.

Sein Gast, mit dem er sein Zimmer geteilt hat, macht sie hier jetzt zu den Verlierern? Niklas schüttelt nur den Kopf.

Heiko hingegen hat sich hochkonzentriert bereitgestellt und sammelt seine Nerven.

Wenn Marco die Elfmeter so gut schießt wie Niklas im Training, dann ist jetzt alles aus.

Leider weiß niemand, wie Marco Elfmeter schießt. Niklas ärgert sich, dass er darüber nicht mit ihm gesprochen hat. Ganz locker, von Freund zu Freund, abends vor dem Einschlafen. Dann könnte er Heiko jetzt einen Tipp geben. Aber

Heiko ist nun völlig auf sich allein gestellt. Heiko und Marco sehen sich in die Augen. Das Pokern zwischen Torhüter und Schütze beginnt.

Der Schiedsrichter gibt den Ball frei.

Marco läuft an. Heiko wartet.

Marco verzögert für einen winzigen Moment seinen Schritt im Lauf.

Heiko wartet.

Marco schaut für eine Millisekunde in die linke Ecke, holt aus zum Schuss.

Niklas hält den Atem an.

Heiko wartet.

Marco donnert den Ball mit Vollspann.

Heiko behält die Nerven und bleibt einfach stehen. Er wendet sich weder nach rechts noch nach links, sondern streckt nur beide Arme nach vorne.

Der extrem hart geschossene Ball saust mit Wucht direkt auf Heiko zu, der ihn mit beiden Fäusten weit ins Spielfeld hinein wegfaustet.

Heiko hat den Elfer gehalten! Sensationell!

Niklas und alle anderen atmen auf, springen hoch und brüllen ihren Jubel heraus: „JAAAAAAAAAAAAA!"

Sie rennen auf Heiko zu, umarmen ihn, wuscheln ihm durchs Haar, doch Heiko drängt sie zurück: „Weiter! Weiter! RAUS aus dem Strafraum. RAUS!"

Das Spiel geht weiter.

Auch die Italiener haben für einen Moment aufgehört zu spielen. Marco hat seine Hände auf die Knie gestützt und schüttelt den hängenden Kopf. Seine Jungs sind wie erstarrt.

Rudi reagiert am schnellsten. Er flitzt dem Ball hinterher und schnappt ihn sich.

Niklas sieht, dass sich im Moment niemand in der Hälfte der Italiener befindet.

Er spurtet los. So schnell, wie er noch nie in seinem Leben gelaufen ist.

Rudi sieht ihn. Und schlägt einen Pass über dreißig Meter. Niklas weiß nicht, ob Rudi jemals einen solch langen Pass geschlagen hat. Jetzt tut er's jedenfalls. Der Ball prallt in der Mitte der italienischen Hälfte auf. Niklas und der italienische Torwart haben nun etwa den gleichen Weg zum Ball. Der Torwart sprintet ebenfalls los. Aber er muss erst starten, Niklas hat schon volles Tempo. Wie zwei Nashörner im Kampf rennen die beiden aufeinander zu. Zwischen ihnen der Ball, der weiter Richtung Tor rollt.

Niklas merkt, dass es nicht reicht. Er muss noch schneller werden. Niklas gibt alles und er spürt, dass er tatsächlich noch ein wenig beschleunigen kann. Jetzt klappt es. Er erreicht den Ball zwei Schritte vor dem italienischen Torhüter. Er hat keine Zeit mehr, um über irgendwas nachzudenken.

Instinktiv tritt Niklas den Ball, trifft ihn mit dem Spann. Der Ball fliegt über den Torwart hinweg, der sich mit seiner ganzen Länge dem Schuss einfach nur noch entgegenwirft. Der Ball fliegt weiter in hohem Bogen auf das Tor zu. Einen Moment bleibt Niklas stehen, verfolgt den Ball jetzt nur noch mit seinem Blick. Er wiegt dabei den Oberkörper, als könne er so noch die Flugrichtung des Balls beeinflussen. Wird er noch abdriften, danebenprallen, über das Tor hinweggehen?

Der Ball senkt sich kurz vor dem Sechzehner ab, prallt auf, einmal, zweimal, dreimal – und kullert ins Netz.

Noch ehe Niklas es selbst begreift, hüllt ihn der Torschrei im Stadion ein. Nur wenige Sekunden später werfen sich seine Jungs auf ihn, einer nach dem anderen. Sie bringen ihn zu Fall und werfen sich obendrauf, sodass auf dem Platz ein dickes Knäuel jubelnder Spieler entsteht.

In dieses Jubelgeschrei hinein ertönt der Schlusspfiff, den Niklas, vergraben unter den Körpern seiner Mitspieler, nur leise wahrnimmt.

Gewonnen!

Sie gewinnen 1:0 durch ein Tor von Niklas in der letzten Sekunde!

Als Niklas sich aus dem Spielerknäuel herausgewühlt hat, sieht er, wie Antonio bei Marco steht und ihn tröstet. Marco ist niedergeschlagen und denkt immer noch über den misslungenen Elfmeter nach.

Gerade will Niklas zu ihm laufen, da ertönt wieder der Lautsprecher. Diesmal ist es Herr Vondemberge.

„Liebe Gäste und Freunde des FC Berne! Spannender kann ein Fußballspiel nicht sein. Wir gratulieren unserer D-Jugendmannschaft zu dem glücklichen, aber nicht unverdienten Sieg!"

Das Publikum klatscht erneut laut Beifall. Manche stehen sogar auf. Darunter auch Opa, den Niklas jetzt entdeckt. Mit Raufuß in der Hand winkt er Niklas begeistert zu. Niklas' Vater winkt mit beiden Händen, als wolle er ein Flugzeug in seine Parkposition lotsen. Und seine Mutter hüpft auf und ab, weil sie sonst nicht an den Leuten vor ihr vorbeischauen

kann, die ebenfalls aufgesprungen sind und begeistert applaudieren.

Herr Vondemberge fährt fort: „Und ich darf hiermit eine besondere Überraschung der Herrenmannschaft des Juventus Bologna verkünden. Sie fordert die Kinder auf, mitzumachen bei der Initiative: Du und dein bester Freund aus Italien! Ab ins Trainingscamp für die erste Auswahlmannschaft von Deutschland und Italien. Dabei sein, wenn es zur ersten inoffiziellen U12-Weltmeisterschaft in Bologna geht! Bewirb dich!"

Bella Rosa ist so nett, das Gleiche noch mal auf Italienisch über Lautsprecher zu übersetzen.

Und dann treffen sich die Blicke von Marco und Niklas.

Ein Blick, ein Gedanke. Beide laufen aufeinander zu.

„Glückwunsch!", sagt Marco.

„Insgesamt, im Hin- und Rückspiel, steht es 1:1", tröstet Niklas.

„Du hasse gehört?", fragt Marco und zeigt mit dem Kopf Richtung Lautsprecher.

Niklas nickt. „Wollen wir?"

„Claro!", sagt Marco.

Und damit ist es beschlossen: Sie beide werden sich gemeinsam für die Auswahlcamps bewerben.

Mit diesem spannenden Plan fällt Niklas der Abschied von den italienischen Freunden etwas leichter. Denn Marco wird er hoffentlich bald wiedersehen!

Am nächsten Tag werden die Jungs wieder zum Flughafen gebracht werden. Ein Abschiedstransparent haben Niklas und seine Jungs natürlich auch gemalt. Auf dem steht in großen Buchstaben:

Ciao!
Arrivederci!
Auf Wiedersehen!
Tschüss!
Bis bald!

Aber bis dahin ist zum Glück noch etwas Zeit.

Noch bis in den frühen Morgen sprechen Niklas und Marco über Marcos verschossenen Elfmeter und Niklas' Tor. Und natürlich über die Auswahlcamps, das Training dort und über berühmte Profifußballer aus aller Welt.

„Ob das klappt mit dem Trainingslager?" Niklas legt Raufuß nicht wie sonst immer neben seinen Wecker, sondern neben sein Kissen.

„Claro! Er sicher hilft!", sagt Marco.

Niklas kann nicht genau erkennen, ob er grinst oder gähnt.

In dieser Nacht schlafen beide erst sehr spät ein. Und beide träumen.

Vom Fußball. Und noch viel mehr!

NIKLAS KICKT WEITER:
Das nächste Abenteuer ist in Vorbereitung.

DIE MANNSCHAFT DES FC BERNE

Demir
wichtige Stütze
für Tobias

Dominik
schimpft viel
und läuft wenig

Tobias
Abwehrchef, hat
hinten alles im Griff

Heiko
lässt nichts
anbrennen – weder
im Tor, noch auf
dem Grill

Freddy
Ballkünstler,
verändelt aber
viele Bälle

Stefan
sehr laufstark,
immer unterwegs

Leon
Konditionswunder,
hinten und vorn
zu sehen

Lukas
macht gern
ein Foul zu viel

Niklas
Kapitän
und wieselflink

Rudi
Torjäger und enorm
kopfballstark

David
traut sich wenig, gibt
lieber an Rudi ab

DIE AUTOREN

IRENE MARGIL ist gelernte Fotografin. Sie arbeitete mehrere Jahre in der SAT1-Fußballredaktion „ran" und machte eine Ausbildung zur Lauftherapeutin. Sie läuft nicht nur gerne, sondern schreibt auch sportliche Kinderbücher.
Wer mehr darüber wissen will, schaut unter www.irenemargil.de nach.

ANDREAS SCHLÜTER, geboren 1958, lebt und arbeitet in Hamburg und auf Mallorca. Bevor er mit dem Schreiben von Kinder- und Jugendbüchern begann, leitete er mehrere Jahre Kinder- und Jugendgruppen und arbeitete als Journalist und Redakteur. Er schrieb zahlreiche Serien und Einzeltitel für Kinder und Jugendliche sowie Drehbücher für Kinder und Erwachsene (u.a. „Tatort" und „krimi.de"). Mehr über ihn und seine Bücher erfährt man unter www.aschlueter.de

DER ILLUSTRATOR

MARKUS GROLIK wurde 1965 geboren. Nach einer Ausbildung zum Modegrafiker studierte er Kunsterziehung in München. Er schreibt und illustriert Kinderbücher – und Vater von zwei Kindern ist er auch. Außerdem kickt er als dribbelstarker Linksaußen bei den „Rasenratten" (das ist eine Freizeitfußballmannschaft in München). Und zwar mit hervorragenden Zweikampfwerten, trotz mangelnder Kondition!
Mehr über ihn und seine Bücher erfährt man unter www.markus-grolik.de

1 2 3 4   11 10 09

Copyright © by Carlsen Verlag GmbH, Hamburg 2009

Lektorat: Susanne Schürmann

Typografie und Herstellung: Petra Krück

Umschlagtypografie und -lithografie: Margit Dittes Media, Hamburg

Lithografie: ReproTechnik Ronald Fromme, Hamburg

Druck und Bindung: GGP Media GmbH, Pößneck

ISBN 978-3-551-55547-2

Printed in Germany

Alle Bücher im Internet unter www.carlsen.de

WIE ALLES BEGANN:

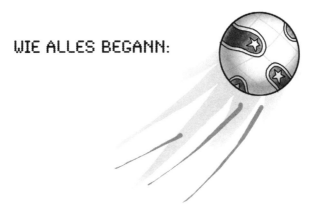

Fußballfieber

Andreas Schlüter
Irene Margil
Fußball und sonst gar nichts!
208 Seiten
Gebunden
ISBN 978-3-551-55534-2

Niklas spielt begeistert Fußball in der D-Jugendmannschaft. Er träumt davon, beim nächsten großen Spiel nicht mehr nur die Ersatzbank drücken zu müssen. Sein Glücksbringer Raufuß, ein Gummi-Gecko, soll ihm dabei helfen. Geckoflink wird Niklas dann spielen. Und so wie ein Gecko an der Wand klebt, wird ihm der Ball an den Füßen haften – bis er ihn im gegnerischen Tor versenkt hat ...

www.carlsen.de

Wer dieses Buch
gerne gelesen hat,

findet sicher auch die
folgenden Abenteuer
spannend:

Volle Fahrt voraus!

Ortwin Ramadan
Die Superpiraten
Band 1: Der Ritter aus dem Hafenbecken
144 Seiten, gebunden
ISBN 978-3-551-55511-3

Ortwin Ramadan
Die Superpiraten
Band 2: Kaperfahrt ins Reich des Drachen
144 Seiten, gebunden
ISBN 978-3-551-55512-0

Ortwin Ramadan
Die Superpiraten
Band 3: Alarm auf dem Geisterschiff
144 Seiten, gebunden
ISBN 978-3-551-55513-7

Lars und seine Freunde haben sich ihr Piratenhauptquartier auf einem alten Kahn eingerichtet. Da werden sie von ihren Erzfeinden, den Wikingern, herausgefordert: dem Sieger soll der alte Hafen gehören.

Eigentlich wollten die Superpiraten nur herausfinden, was Direktor Dr. Hirnstein so aus der Fassung gebracht hat und geraten in ein neues drachenstarkes Abenteuer.

Ein Wirbelsturm hat das Floß der Superpiraten auf das offene Meer hinausgetragen. Als Lars und seine Crew am Horizont ein Frachtschiff entdecken, scheint die Rettung nahe.

CARLSEN
www.carlsen.de